JN212484

デザイナ

アプリエンジニア

システムエンジニア

業界と仕事の流れがわかる！
ITエンジニア職種ガイド

サーバーエンジニア

サービス担当

バックエンドエンジニア

ITエンジニアって
何するの？

どんな種類の
仕事があるの？

どんな人が
向いてるの？

ネットワークエンジニア

フロントエンドエンジニア

テックリード・CTO

はじめに

　いまの世の中、ショッピング、予約、友達との連絡など、何でもスマホやパソコンでできるようになりました。こうしたことが実現できるのは、ITシステムのおかげです。

　では、このITシステム。作っているのは、誰でしょうか？
　プログラマ？　それは半分しか合っていません。プログラマ以外にも、実に、たくさんの人達が携わっています。

　ITシステムを作るには、どんなものを作るのか、念入りに打ち合わせをし、設計書としてまとめます。もちろん、デザインも決めます。
　皆さんは気にすることがないかもしれませんが、「1万人の同時アクセスは大丈夫だけれども、10万人の同時アクセスは厳しいかなぁ」なんて性能も、実は決まってるんです！
　ITシステム開発の裏側には、こうしたことを決めたり、実際に作ったり、設定したり、出来たものをテストしたりする、たくさんの人達が居ます。

　この本は、ITシステム開発の流れを説明しながら、「どんな人達が、どうやって作ってるの？」「ITの仕事をしてみたいけれど、どうすればなれるの？」に答える本です。
　本書を読むと分かりますが、実は、「すごいコードを書く人」なんて、ごくわずかです。そもそもコードを書かない職種も多いです。

　ITが好きかどうかとか、素質があるかどうかなんて求められていません。
　求められているのは、必要な技術を身に付けているかどうかだけ。しかも、必要な技術の種類やレベルは、職種によって異なります。
　本書では、実際の仕事の現場がわかるよう、できるだけ具体的に記述。職種ごとに必要な技術はもちろん、どんな人に向いているのかまで踏み込みました。

　IT業界は、ほんとうに人が足りません。
　本書を読んで、少しでもIT業界に興味をもち、そして、あわよくば、実際に、僕らの業界に入ってくるきっかけとなれば幸いです。

大澤文孝

業界と仕事の流れがわかる！ ITエンジニア職種ガイド

第 1 章

IT エンジニアと IT システム開発

IT エンジニアは、IT システムの開発に携わる人達です。

この章では、「IT システムとは何か」「IT システムを作る流れと IT エンジニアとの関わり」について、全体像を説明します。

設計
開発
インフラ
テスト
運用保守
進行・企画・営業・経営

ITエンジニアとITシステム開発

ITエンジニアは、ITシステムの開発に携わる人達です。

この章では、「ITシステムとは何か」「ITシステムを作る流れとITエンジニアとの関わり」について、全体像を説明します。

世の中にあるたくさんのITシステム

ITとは、**Information Technology**——日本語で言うと、**情報技術**——のことです。

この言葉が定義されたのは2000年頃。いまとなっては、ピンとこない定義かも知れません。もう少し、かみ砕いて言えば、コンピュータや通信を使って、さまざまなデータ（情報）を扱う技術のことを言います。

ITを使って、さまざまな課題を解決する装置が、**ITシステム**です。

通販サイトやゲーム、エレベータもITシステム

世の中にあるITシステムは、実に、さまざまです。

パソコンやスマホで何気なく見ているニュースサイトや通販サイト、チケットや旅行の予約、SNSなど、すぐに思いつくものはもちろん、スマホのゲームも、ITシステムの一種です。なぜなら、プレーヤーの情報や動き、手持ちのアイテムやカードなど、何かデータをやりとりして実現しているものに過ぎないからです。

そして、一般に触れる機会が少ない業務システムもあります。

たとえば、企業には、在庫管理や顧客管理、会計管理、人事管理などのITシステムが動いていて、物流や取引先、従業員などを管理しています。

それから、機械を制御するようなITシステムもあります。工場などのベルトコンベアを制御するような産業用機械は、その一例ですが、ふだん何気なく乗っているエレベータも、「ボタンが押されたら、その階まで動かす」という動作をするITシステムです。

ITシステムを制御するためのプログラム

　ITシステムの中心となるのは、コンピュータです。

　ITシステムは、やりたい操作に必要なものをコンピュータとつなげることで構成されています。

　たとえば、ネット注文を受け付けるITシステムを考えましょう。こうした注文を受け付けるコンピュータは、インターネットにつながっていて、注文の内容を保存するためのディスクがつながっています。

　同様に、エレベータを制御するITシステムであれば、私たちが押すボタンの配線がコンピュータにつながっています。そして、そのコンピュータは、エレベータを上下に移動したりドアの開け閉めをしたりするモーターともつながっています（図1-1）。

通販システム

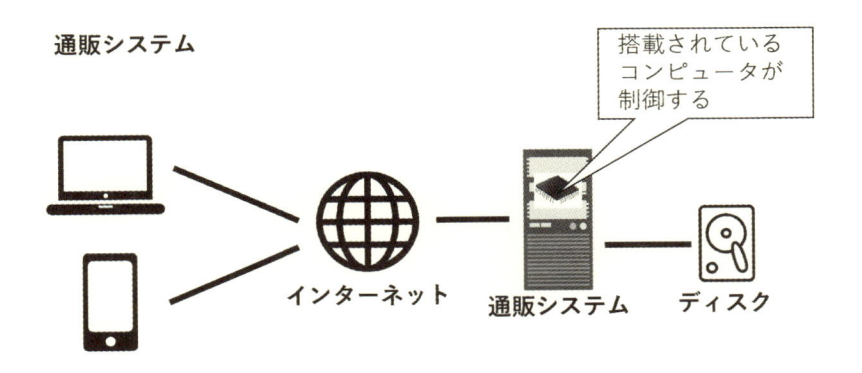

エレベータ制御システム

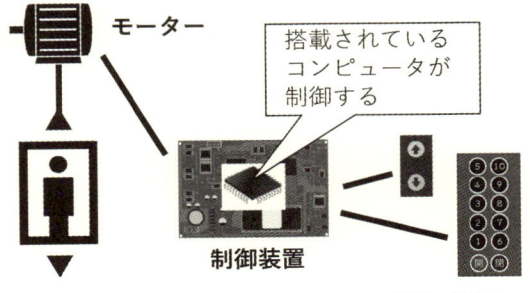

図1-1　ITシステムの中心はコンピュータ

動作を定めるためのプログラム

　すべてのITシステムには、コンピュータを制御するためのプログラム
が含まれています。

　プログラムとは、コンピュータに対して指示を出すための命令の集まり
のことです。

　たとえば、インターネットを利用して注文を受け付ける通販のシステム
なら、「注文時に、氏名、住所、電話番号などの入力漏れがないかを確認
する」「漏れがなければクレジットカードなどで決済する」「決済が済めば、
注文情報をディスクに保存する。このとき在庫不足でないかを確認する」「す
べて問題なければ、在庫を確保し、お客さんに受注番号を表示。それと同
時に確認メールを送信する」などのように、「どのような状態のときに、ど
のようなデータを取り出して、何を処理するのか」を細かく規定します。
こうした動きを定めるのが、プログラムです（図1-2）。

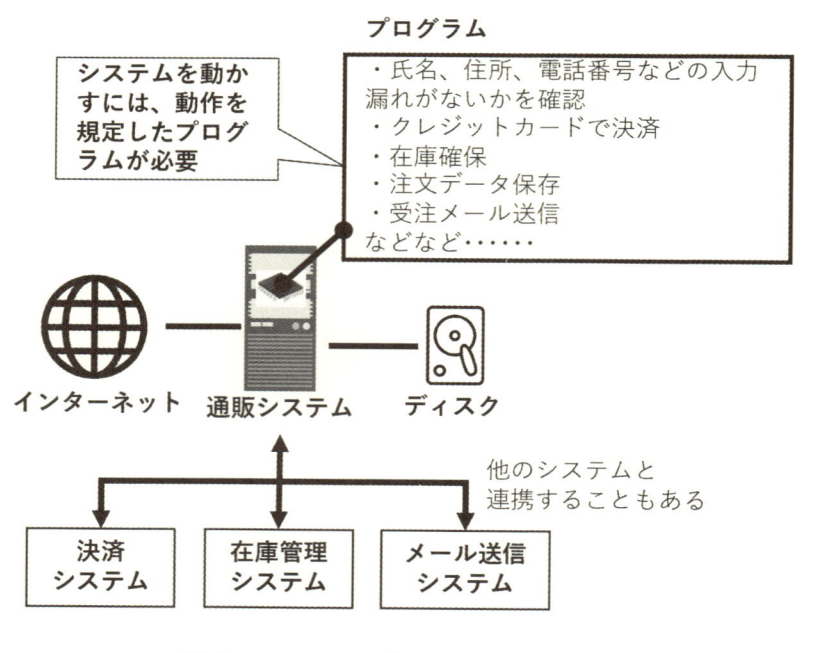

図1-2　ITシステムには動きを決めるプログラムが必要

ITシステムの開発に関わる人達

　ITエンジニアは、こうしたITシステムを作るのに関わる人々です。仕事の中心はプログラムを作ることですが、それ以外の仕事もあります。

・動かすための機材の構成や準備

　システムを動かすには、それを動かすための機材が必要です。

　図1-1に示した通販システムの場合、「通販システム」と書かれたコンピュータがあります。こうしたコンピュータを用意して、それをインターネットやディスクと接続する必要があります。

　エレベータの場合は、「制御装置」と書かれた絵がありますが、こうした制御をするコンピュータを用意して、ボタンやモーターと配線する必要があります。

　ITエンジニアには、こうした機材を準備したり設定したりする人達も含まれます。

・保守運用

　実際にITシステムを動かして使うとなれば、壊れていないかを見守ったり、壊れてしまったときに修理したりする人達も必要です。

　ITシステムは、プログラムを作ったら終わりではありません。

　最初に動かすための機材を用意する人も居れば、それを保守運用していく人達も居ます。また、ITシステムは複雑なものも多いので、マニュアルを書く人や使用方法を学ぶための研修をする人達も居ます。

　実に、さまざまな人達が、ITシステムに関わっています。

　どんな人達が、どんな仕事をしているのか、それを伝えるのが本書の役目です。

ITシステム開発の流れ

　ITシステムは、誰かが「こんなことができると便利だよね」「こんなことができると仕事が早く片付くのに」「こんなことができると儲かりそう」など、誰かの立案で、「それじゃあ、作ろうか」ということで始まります。

　企画・立案から完成までの道のりは、おおむね、**図1-3**のようになります。

　大きく「開発の流れ」と、機材等を用意する「インフラの流れ」に分かれ、それ以外にも「進行・企画・営業・経営などに関わる人たち」などが居ます。

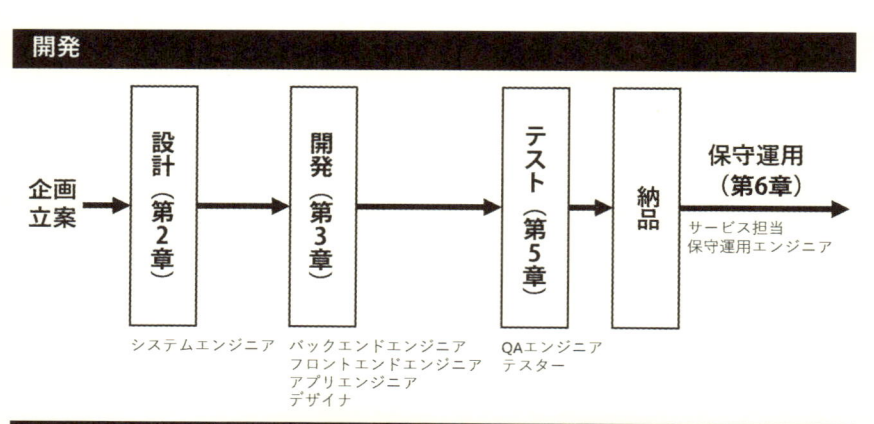

図1-3　ITシステム開発の流れ

開発の流れ

開発の流れは、次の通りです。

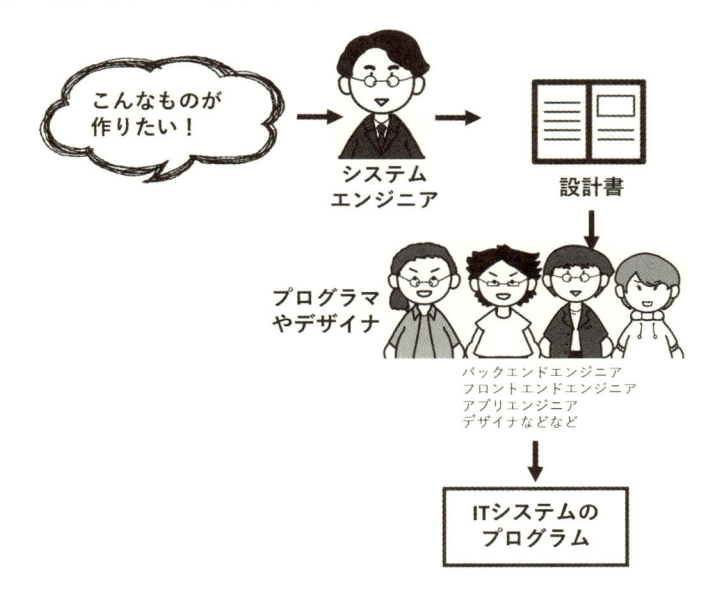

図1-4　設計から開発まで

①設計

設計の工程 では、まず、「何を作るか」「どのような性能のものを作るか」など、作るべきものを決め、設計書を作ります。

この工程には、**システムエンジニア**（System Engineer。略して SE）と呼ばれる人達が携わります。

②開発

設計が終わったら、それに基づいてシステムを作っていきます。これが開発の工程です。

開発の工程では、実際にプログラムを作っていきます。プログラムを作るのは**プログラマ**ですが、担当分野によって、**バックエンドエンジニア**、**フロントエンドエンジニア**、**アプリエンジニア**など、別の名前で呼ばれることもあります。また、画面などのデザインを作るために、**デザイナ**も参加します。

③テスト

プログラムができたら、正しく動作するかを確認します。これがテストの工程です。

テストでは、闇雲に操作してエラーが出なければ良いわけではありません。そんなやり方では、間違いがあっても見過ごしてしまう可能性が高いからです。

漏れなくテストするには、「どういう操作をしたときに、どのような挙動になるのか」を一覧としてまとめ、それに基づいてテストします。

こうしたテストの項目をまとめるなど、品質全体の責任をもつのが、**QAエンジニア**です。

QAエンジニアが定めた方法に基づき、**テスター**と呼ばれる人達が実際に操作して、その通りに動くかを確認します。

*

テストが終われば納品です。実際に、ITシステムを使い始められます。

インフラの準備

ITシステムを動かすには、ネットワークやコンピュータなど、それを動かすための機材が必要です。

機材のうち、とくにネットワークや実行するためのコンピュータなどの、土台となるもののことを**インフラ**と言います。

Memo

インフラとは、**インフラストラクチャ**（infrastructure）の略で、基盤という意味です。生活のインフラというと、電気やガス、上下水道などを意味しますが、「それがなくては使えない基本的なもの」という意味で同じです。

ネットワークとサーバ

コンピュータのうち、利用者がそこに接続（アクセス）して使うようなコンピュータのことを、**サーバ**と言います。

こうしたインフラは、**インフラエンジニア**と呼ばれる人達が準備します。インフラエンジニアは、その担当分野によって、**サーバエンジニア**や**ネットワークエンジニア**のように、別の名前で呼ばれることもあります（図1-5）。

Memo

サーバ：Server。何か機能を提供するものの総称です。コンピュータの大きさや形を示すわけではなく役割を示す用語ですが、図示するときは、なんとなく大きめの強そうなコンピュータの絵で示すことが多いです。

サーバ
エンジニア

インターネット

ネットワーク
エンジニア

インフラエンジニア

図1-5　ネットワークとサーバ

複数の環境を用意する

　開発をはじめる段階で、作ったプログラムを動かすためのネットワークやサーバが、すぐに必要になるため、インフラエンジニア（サーバエンジニアおよびネットワークエンジニア。以下同じ）は、割と急ぎでネットワークやサーバを用意して、開発を担当するエンジニアに渡します。

　それとは別に、本番稼働用のネットワークやサーバを準備しておき、納品の時点で、その本番稼働用のほうに作ったプログラムを載せます。

　詳しくは**第4章**で説明しますが、インフラは、開発用、本番用のほか、動作確認のための検証用など、同じ構成のものをいくつか用意することがほとんどです。こうした、それぞれのインフラのことを、**環境**と言います（たとえば「開発環境」「本番環境」「検証環境」などと呼びます）。

　ITシステムは、納品後に改良を加えることもありますが、改良は開発環境で行ないます。

　開発環境での改良が完了したら軽くテストし、問題なければ検証環境で

設計

開発

インフラ

テスト

運用保守

進行・企画・営業・経営

さらにテスト。そこで問題なければ本番環境にコピーするというように、何度かテストをしたのちに本番環境で動かします（図1-6）。

Memo

開発環境や検証環境は、限られた人しかアクセスしないように制限します。そのため攻撃に対して万全ではないことも多いです。また過負荷で止まってしまっても「ごめんなさい」で済むので、負荷に対する考慮もされていないことが多いです。対して本番環境は、万人がアクセスするものですから、安全性や負荷について十分に検討して、しっかりとしたものを作ります。

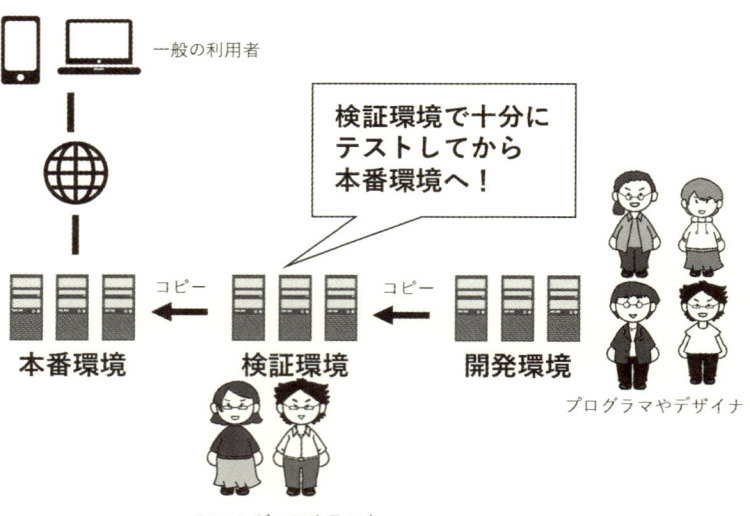

図1-6　いくつかの環境を用意する

保守運用

開発が完了して、本番環境にプログラムを置いたら、実際に使い始めることができます。

では、これで終わりかというと、そうではありません。ITシステムが動いている限りは、正しく動くよう、保守運用していかなければなりません。

保守運用を担当するのが、**保守運用エンジニア**です。インフラが正しく動いているか、何者かに攻撃されていないかなどを監視します。ひとことで言えば、インフラのお守り役です（図1-7）。

またときには、ネットワークが通信できなくなったり、サーバが壊れてしまったりすることもあります。万一、そうした事態が起きたとしても被害を最低限に抑えるため、複数台で構成して、どれかが停止しても全体を止まらないようにしたり、故障に伴ってデータが消えてしまったときに備え、データのバックアップを取っておいたりするなどの対策が必要です。

そしてサーバにインストールしたソフトは、最新版にするための更新作業（そしてときにはネットワーク機器のアップデート）も必要です。

Memo

古いままだと、出荷時に気づかれなかった脆弱性（ぜいじゃくせい）と呼ばれるセキュリティ上の不具合を抱えていることがあり、その不具合に対して、攻撃を仕掛けられる可能性があります。脆弱性が発見されたときは、メーカーがサポートの一環として、修正するための更新プログラムを提供するのが通例です。提供されたときには、安全のため、速やかに適用することが重要です。

インフラの
お守り役

・状態を監視する
・故障などの障害に備える
・異常が発生していれば修復する
・故障していたら直す

**保守運用
エンジニア**

図1-7　ITシステムには保守運用が必要

チーム開発を前提としたプロジェクト

　近年では、ITシステムの規模が大きくなったこともあり、何人、もしくは何十人かでチームを組み、ひとつのプロジェクトとして遂行していくことがほとんどです。

　こうしたチームをまとめる人が、**プロジェクトマネージャ（Project Manager。略してPM）**です。作業のスケジュールを決め、メンバの現在の作業状況や進捗状況を管理し、プロジェクトが滞りなく遂行されるように務めます（図1-8）。

図1-8　プロジェクトマネージャが指揮を執る

　チームで開発するため、プロジェクトマネージャ以外にも、さまざまなやりとりをするための職種があります。

　たとえば、**情シス**や**社内SE**と呼ばれる人達は、企業における情報システムを取り扱う部門の担当者です。新しいITシステムを導入する場合、その導入計画を立てたり、発注先の業者と打ち合わせたり、古いシステムから新しいシステムへの移行計画を立てたりします（図1-9）。

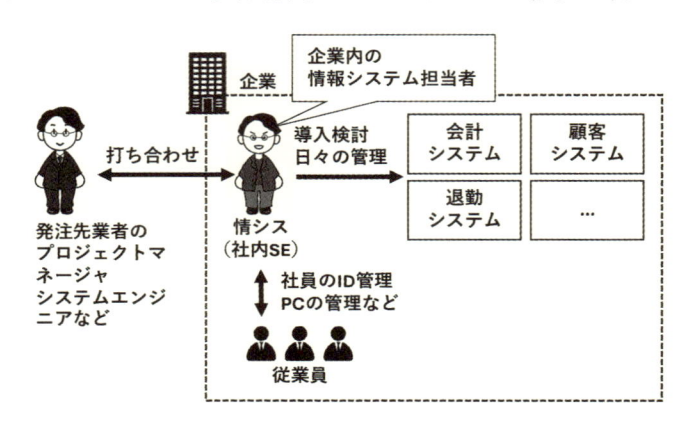

図1-9　情シス（社内SE）

受注開発［SIer］と自社開発

さて、ITシステムを開発する場合、誰かに頼まれて開発して納品する場合と、自分達が使うために開発する場合とがあります。前者を**受注開発**、後者を**自社開発**と呼びます。

受注開発は、誰か別の発注者が居て、その発注者が欲しいと思うシステムを開発して納品するものです。こうした仕事を請け負う開発会社（企業）は、**SIer**（エスアイアー：System Integrator の略。顧客の業務を分析し、課題解決に向けたシステムの企画・立案・開発・運用・保守までを請け負う企業のこと）と呼ばれます。受注開発は、ひとことで言えば、開発の外注です。たとえば、「通販システムを作ってほしい」と誰かに頼まれて、そのシステムを作る、そういう仕事のやり方です。

それに対して**自社開発**は、自社の顧客のために向けて、自ら開発をするやり方のことを言います（図1-10）。

> **Memo**
>
> 自社開発に似たものとして、社内の人が使うITシステムを自ら作ることは、「**内製**」と呼ばれます。

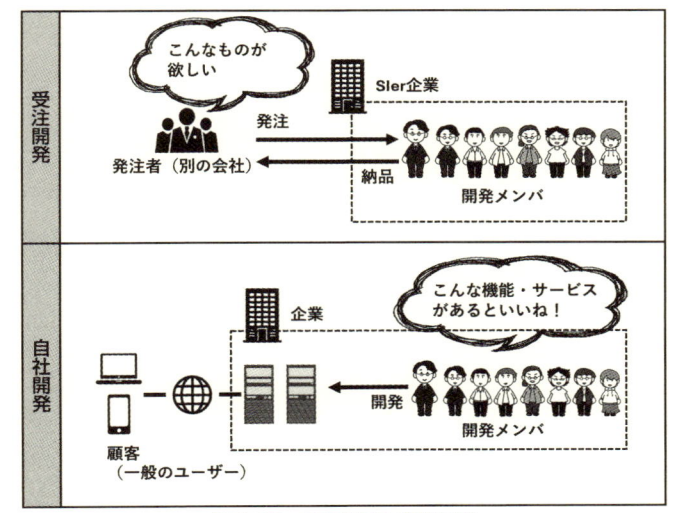

図1-10　受注開発と自社開発

設計

開発

インフラ

テスト

運用保守

進行・企画・営業・経営

設計

開発

インフラ

テスト

運用保守

進行・企画・営業・経営

受注開発では、発注したお客さんが望むものを望む納期で作らなければならないため、たとえば、作るものを途中で変更するようなことは難しいです。また納期が予定より延びると、問題になりやすいです。

それに対して自社開発は、何を作るかの決定権が自身にあるため、自由度が高いです。実際に作って試してみて、使い勝手が悪かった場合は、作り直すこともあります。作るのに予想以上に時間がかかりそうなときは、単純に納期を延ばすだけではなく、作るものをもっとシンプルに変更する、もしくは、一部の機能を作らないことにする選択さえできます。

ウォーターフォールとアジャイル開発

開発の基本的な流れは、前掲の**図1-3**に示したように、設計→開発→テスト→納品→保守運用の順で進みます。この一連の流れで注目したいのは、最初の設計の段階で、全体をどのように作るのかを、すべて決めることです。

つまり、設計が終われば、どのようなものを作るのかという一覧ができるので、後は、その通りに作るだけです。この時点で、作業量が分かるので、スケジュールも決められます。このように最初に決めて、あとは作業するだけという流れで進めることを「**ウォーターフォール型の開発**」と言います(**図1-11**)。

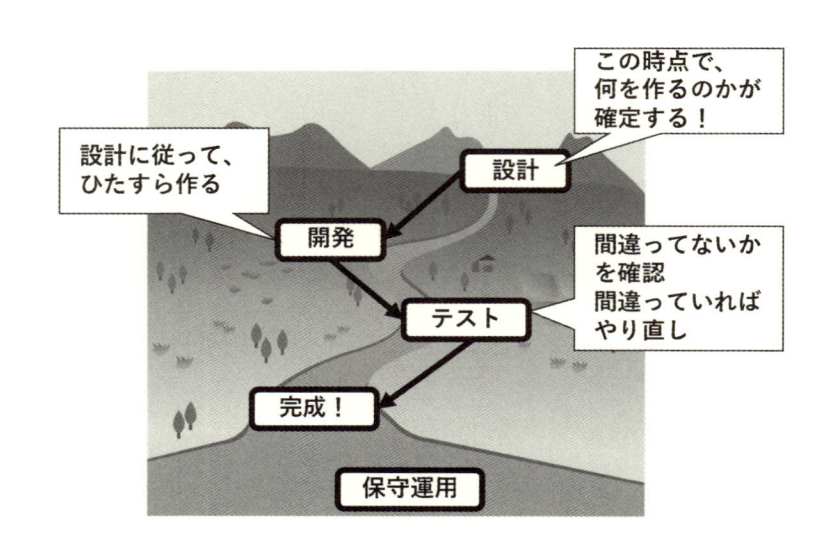

図1-11 ウォーターフォール型の開発

　ウォーターフォールとは、川の流れに見立てて、順序よく工程が進んでいく様子を示した用語です。設計→開発の順に行われるため、設計のことは上流工程、開発のことは下流工程とも呼ばれます。

　川は常に上から下に流れ、下から上に遡ることはありません。ウォーターフォールでも、それと同様に、開発から設計に戻ることは基本的には、ありません（実際はあるけれども、それは設計の段階の甘さやミスだとして扱われます）。

> **Memo**
>
> 　詳しくは、**第2章**で説明しますが、設計は実際には「要件定義（どのようなものを作るのかを決めること）」と「設計」の2つに分かれます。本書はITエンジニアの職種を中心にまとめた本であり、どちらもシステムエンジニアが担当することから、いったんここでは「要件定義」と「設計」は、一緒にして扱います。
>
> 　一般にウォーターフォールと言った場合、要件定義→設計→開発（実装）→テストの4工程で示されることが多いです。

ウォーターフォール型は迅速な対応がしにくい

　ウォーターフォール型の開発は作業の総量が分かるため、予定を立てやすく、スケジュール通り納品しやすいのが特徴です。

　しかしITシステムは、実際に作ってみるまで、作ろうとしているものが正しいのかわからないこともあります。たとえば、「作ってみたけれども、使いにくい」とか「そういう意味の機能ではなかった」など、やりたいことと違っていたということは、珍しくありません。また、「作ったけれども、実用的な速度で処理できなかった」など、十分な性能が出ないこともあります。

　そもそも、ITシステムの開発をはじめてから実際に完成するまでには、短くても数ヶ月、長ければ2〜3年かかることもあります。

　必要な機能や性能は、こうした年月の間に変わってしまうことも多いです。たとえば、2年前に「これが欲しい」と作り始めたものを、いま納品されても、「いまさら」と思ってしまうのは珍しくありません。つまり、時代遅れになった完成物となってしまいがちなのです。

> 「必要なものを、できるだけ早く作れないか」
> 「それが無理だとしても、せめて、途中での軌道修正がしやすくならないか」

　そう考えるのは、自然です。

設計

開発

インフラ

テスト

運用・保守

進行・企画・営業・経営

アジャイルソフトウェア開発宣言

　2001年、ソフトウェア開発手法の専門家17人が、ユタ州スノーバードで催されたスキー合宿に集まり、議論の末、今後のあるべきソフトウェア開発の姿をまとめた「**アジャイルソフトウェア開発宣言**」を公開しました。

アジャイルソフトウェア開発宣言（全文）

私たちは、ソフトウェア開発の実践
あるいは実践を手助けをする活動を通じて、
よりよい開発方法を見つけだそうとしている。
この活動を通して、私たちは以下の価値に至った 。

プロセスやツールよりも**個人と対話**を、
包括的なドキュメントよりも**動くソフトウェア**を、
契約交渉よりも**顧客との協調**を、
計画に従うことよりも**変化への対応**を、

価値とする。すなわち、左記のことがらに価値があることを
認めながらも、私たちは右記のことがらにより価値をおく。

https://agilemanifesto.org/iso/ja/manifesto.html

Memo

「左記のことがらに価値があることを認めながらも右記のことがらにより価値を置く」とは、「プロセスやツール」よりも、太字で示した「個人と対話」に価値を置くというように、太字の部分に重きを置くという意味です。注意したいのは、「左記のことがらに価値があることを認めながらも」のところです。左記は意味がないとか無駄とか言っていません。つまり、プロセスやツールも重要なことには変わらないけれども、「さらに」というニュアンスなので注意してください。

　この宣言を読むと分かるように、アジャイルソフトウェア開発宣言は、考え方や思想です。たとえば、ウォーターウォール型の問題点である、時代遅れの完成物については、最後の「計画に従うことよりも変化への対応を」という文が示しています。

アジャイル宣言の背後にある原則（12の原則）

　アジャイルソフトウェア開発宣言は、こうした短い思想の言葉ですが、もう少し掘り下げたものとして、「アジャイル宣言の背後にある原則」（通称「12の原則」）が公開されています。

アジャイル宣言の背後にある原則（全文）

私たちは以下の原則に従う：

顧客満足を最優先し、価値のあるソフトウェアを早く継続的に提供します。

要求の変更はたとえ開発の後期であっても歓迎します。変化を味方につけることによって、お客様の競争力を引き上げます。

動くソフトウェアを、2〜3週間から2〜3ヶ月というできるだけ短い時間間隔でリリースします。

ビジネス側の人と開発者は、プロジェクトを通して日々一緒に働かなければなりません。

意欲に満ちた人々を集めてプロジェクトを構成します。環境と支援を与え仕事が無事終わるまで彼らを信頼します。

情報を伝えるもっとも効率的で効果的な方法はフェイス・トゥ・フェイスで話をすることです。

動くソフトウェアこそが進捗の最も重要な尺度です。

アジャイル・プロセスは持続可能な開発を促進します。一定のペースを継続的に維持できるようにしなければなりません。

技術的卓越性と優れた設計に対する不断の注意が機敏さを高めます。

シンプルさ（ムダなく作れる量を最大限にすること）が本質です。

最良のアーキテクチャ・要求・設計は、自己組織的なチームから生み出されます。

チームがもっと効率を高めることができるかを定期的に振り返り、それに基づいて自分たちのやり方を最適に調整します。

https://agilemanifesto.org/iso/ja/principles.html

設計

開発

インフラ

テスト

運用・保守

進行・企画・営業・経営

　この引用した文書を読むと分かるように、アジャイル宣言の背後にある原則とは、我々開発者は、こうした信念に基づいて開発するという宣誓です。次のような、いくつかの重要な要素があります。

・顧客満足度の優先するために、顧客と一緒に作る

　顧客満足度——ITシステムを作ってほしいと思っている発注者——を第一に考えます。もし作っている最中に変更したいことがあれば、それも受け入れます。

　つまり開発者は、「これが欲しい」と言われたら、「それを満たすように作るよ」ということを言っています。

　そのためには、開発者だけでなく発注者も一丸となって、ITシステムの完成に向けて取り組みます。

　これはアジャイル宣言の「計画に従うことよりも変化への対応を」や「契約交渉よりも顧客との協調を」に相当します。

Memo

　この考え方は、「お客様は神様です」と、しばしば誤解されますが、そうではありません。もし作っている最中に変更したいことがあれば、変更はするけれども、無償でやるともスケジュールを変更せずにやるとも言っていません。12の原則には「ビジネス側の人と開発者は、プロジェクトを通して日々一緒に働かなければなりません。」とあります。一緒に働くのですから、どちらか一方の言い分だけを聞くわけではなく、変更したければ、お金を払ったりスケジュールを延ばしたりするのは、当然です。

・短い間隔での継続的なリリース

　動くソフトウェアをできるだけ短い時間間隔でリリースすることを原則としています。ウォーターフォール型の開発でありがちな、時代遅れになった完成物となってしまいがちなITシステムへの回答です。

　要は、大きなものを一度に作るのではなく、部分的に少しずつ作って、改良しながら継続的に作っていこうということです。

Memo

　リリース（Release）とは、ITシステムを使える状態にする（本番環境にコピーして、使い始めること）です。

・全力疾走

あまり強調されないことなのですが、アジャイル開発では、皆が全力疾走することを前提としています。

「意欲に満ちた人々を集めてプロジェクトを構成します。環境と支援を与え仕事が無事終わるまで彼らを信頼します」とあるように、意識の高いITエンジニアが集まって、全速力で仕事を片付けるというイメージをもってください。

サボらないことは言うまでもありませんが、チームの全員が善人です。これは自分の仕事ではないからと、仕事があるのに見ないふりは、あり得ません。誰かが忙しければ、自分の担当外でも手伝います。

Memo

筆者はよく、アジャイル開発を「ジャズの演奏」だと喩えています。ジャズの演奏に楽器が弾けない人はいません。ある程度、楽器が自在に弾ける人が集まって、即興で演奏します。

アジャイル開発も、それと同じで、「仕事ができない人」は、基本的におらず、皆が自走できることが前提です。ただし、日本でのアジャイル開発は、今後の経験のために、熟練者がサポートしつつ、未経験者を敢えてチームに入れることもあり、意欲さえあれば、経験が浅くてもついて行けます。

しかしそれに甘んじず、本来のアジャイル開発は、少数精鋭であり、誰に教えてもらうのではなく、自ら動くことが期待されていることを意識すべきです。

Column　アジャイル開発とDevOps

「アジャイル宣言の背後にある原則」の「動くソフトウェアを、2〜3週間から2〜3ヶ月というできるだけ短い時間間隔でリリースします。」や「アジャイル・プロセスは持続可能な開発を促進します。一定のペースを継続的に維持できるようにしなければなりません。」にあるように、アジャイル開発では、継続的な開発を前提としています。

つまり、納品して終わりではなく、さらなる改良が、いつまでも続くということです。そのためには、運用しながらも開発していける体制が必要です。こうした考え方は、**DevOps**（開発を示すDevelopmentと運用を記すOperationsを組み合わせた造語。デブオプス）として知られています。

DevOpsを実現するために、開発したプログラムを安全かつ迅速に本番環境に適用するための、さまざまな手法が考案されており、アジャイル開発で採用されています。たとえば、「**CI/CD**（Continuous Integration（継続的インテグレーション）/ Continuous Delivery（継続的デリバリー））」は、代表的な手法のひとつです。

設計

開発

インフラ

テスト

運用・保守

進行・企画・営業・経営

アジャイル開発の手法

　こうした宣言や原則に基づいて開発するのが**アジャイル開発**です。

　引用したアジャイルに関する文を読むと分かるように、これらはあくまでも思想や宣誓であり、具体的に、こういう手法で開発すると言っていません。実際、思想や宣誓に反しなければ、どんな手法で開発しても、それはアジャイル開発です。

Memo

変に思うかも知れませんが、ウォーターフォール型でもアジャイル開発の要件を満たせます。たとえば、ウォーターフォール型であっても、スケジュールを最優先とせず、必要に応じて修正を加えながら迅速に作っていくやり方をすれば、それはアジャイル的な開発です。アジャイル開発は、ウォーターフォール型のやり方を全否定しているわけではありません。

　とはいえ、各自が思うとおりの方法でアジャイル開発してくれと言っても実践できないので、アジャイルソフトウェア開発宣言をした17人の開発者らを中心に、さまざまな手法が考案されています。

　たとえば次の2つは、代表的な手法です。

・XP（Extreme Programming。エクストリーム・プログラミング）

　プログラミング作業を効率化し、品質を高めることを目的とした方法です。2人1組でプログラミングする**ペアプログラミング**、プログラミングするときはそれを自動テストできるようにするプログラムも一緒に作る**テスト駆動開発**などがあります。

　とくにテスト駆動開発は、いまやソフトウェア開発の基本的な手法です。アジャイル開発と関係なく、ウォーターフォール開発でも採用されることが多いです。

・スクラム開発

　作業を1〜4週間程度のスプリントと呼ばれる期間で区切り、その期間内で、すべきことを決め、チーム全員が全力疾走して、動くところまでを作ります。

　こうしたスプリントを何度か繰り返して、ITシステムを作っていきます。

設計

開発

インフラ

テスト

運用・保守

進行・企画・営業・経営

スクラム開発

スクラム開発は、アジャイル開発の手法として、とてもよくとられる手法で、「今回は、ウォーターフォール型ではなくアジャイル型で進めます」と言ったときは、ほとんどが、スクラム開発を指します。

スクラムチーム

スクラム開発では、下記のメンバでスクラムチームを組みます（図1-12）。

・プロダクトオーナー（PO）

意思決定者。スクラムマスターとステークホルダーの意見の調整役です。作業をするかしないかなど、チームの行動は、プロダクトオーナーの意見に基づきます。

・スクラムマスター（SM）

開発の管理を担当する人で、ウォーターフォールにおけるプロジェクトマネージャに相当します。

・ステークホルダー

どんなものが作りたいのか、どんな機能が欲しいのかを意見する人です。受注開発であれば、ITシステムを発注した会社の責任者、自社開発であれば、部長などの決定権がある人です。

ステークホルダーは開発には参加せず、作ろうとしようとしているものに意見したり、作られたものを確認したりします。

・開発エンジニア

スクラムマスターやプロダクトオーナーの指示に従って、実際に開発するITエンジニアです。

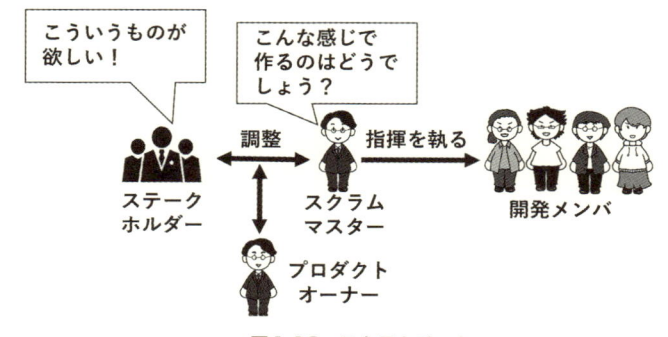

図1-12 スクラムチーム

スプリント単位での開発

スクラム開発では、アジャイルの思想に基づき、必要な機能を小さな単位で少しずつ作っていきます。

スクラム開発では、この単位を**スプリント**と言います。スプリントの期間は、スクラムチームによってまちまちですが、1〜4週間程度に設定されることが多いです。

Memo

スプリントは、スクラム開発の用語です。アジャイルでは、この単位のことを「イテレーション」と呼んでいます。どちらも同じ意味です。

スクラム開発では、「開発すべき要求」をタスクとして、**プロダクトバックログ**にまとめます。そして、プロダクトバックログのなかから優先度を決めて、1スプリントの期間で完了させたいタスクをスプリントバックログとして、取りまとめます。

スプリントバックログは、いわば、スプリント期間で終わらせなければならないToDoリストです。開発エンジニアは、これらのタスクに全力で取り組みます。

Memo

スクラムチームによっては、毎日、30分ほどの会議を開き、朝には「何をするのか」を報告し（朝会）、夕方には「何をしたか」という進捗を報告する（夕会）というやり方を採り入れているところも多いです。

　スプリント期間が終わったら、そのスプリントを振り返ります。完了していないタスクが、いくつか残る可能性がありますが、それは、次のスプリントに回します（もし、他に優先度が高いタスクがある場合は、次のスプリントではスキップする、もしくは中止する選択がされることもあります）。

　各スプリントにおける完成とは、動く状態であることを意味します。ただし、それを実際に本番機に反映させて、すぐに使える状態にするかどうかは、プロダクトオーナーが判断して決めます。

　この説明から分かるように、スクラム開発は、ウォーターフォール開発における設計→開発→テストの流れを小さく区切って、スプリント単位で作っていくやり方です。細切れにすることで、必要なものが少しずつできあがります。全体をまとめて作るのではないため、途中での軌道修正も、しやすくなります。

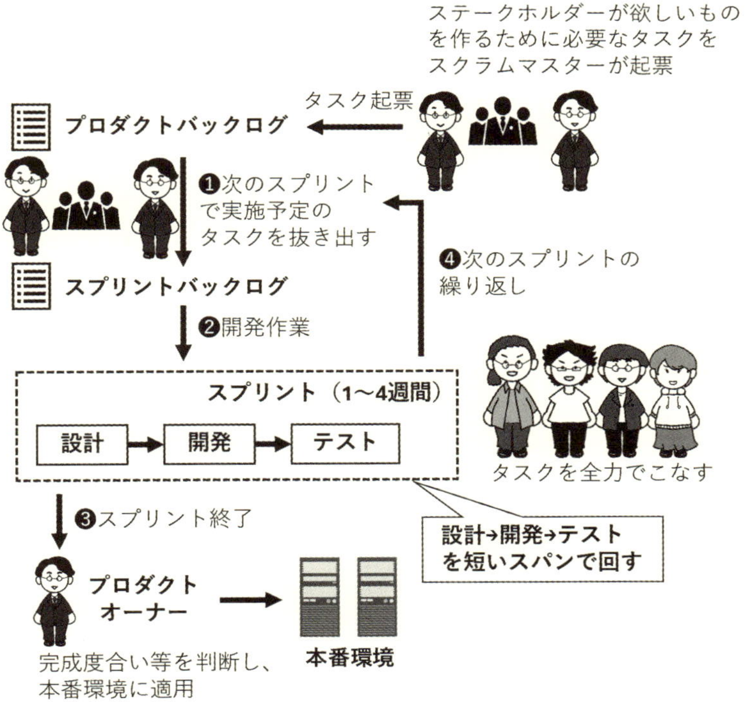

図1-13　スクラム開発の流れ

スクラム開発が最適とは限らない

　スクラム開発は、ウォーターフォール型の開発と比べて、いつでも優れているわけではありません。

　スクラム開発では作るべきものが変動的で、追加しながら作るため、次の点が、問題になりがちです。

・工数が読みにくい

　各スプリントの工数は読めますが（というよりもスプリント期間内で完成させるだけのタスク数しか選ばないため、工数は固定です）、完成までに、全部で、どれだけのスプリントが必要なのか、そもそも、タスクは要求によって増えるので、完成するのかさえも明らかではありません。

　継続的な開発を前提とするのなら良いのですが、「こういうITシステムを、いつまでに欲しい」というような、やり方がしにくいです。

　こうした理由から、スクラム開発は、受注開発よりも裁量が大きい自社開発で採用されることが多いです。

Memo

工数が読めないことは、ITシステムの開発費の算定にも関わります。ウォーターフォール型の開発では、最初に作るべきものを決めるので、「これだけの機能を作れば、いくらです」という契約にできますが、スプリント開発では、完成が定まっていないので、「1スプリントが、いくら」という契約（完成物を納品するのではなく作業を受託するという契約であり、「準委任契約」と呼ばれます）にすることが多いです。

・大規模な新規プロジェクトには向かない

　スクラム開発は、小さなものを組み合わせて作っていくので、増築に増築を重ねるような構造になりやすいです。

　そのため、基盤となる部分の仕様をしっかりと決めて作り始めないと動作に齟齬が出たり、セキュリティ上の問題が発生したりしがちな大規模な新規プロジェクトには、向きません。

　こうしたプロジェクトの開発では、初期はウォーターフォールにするとか、スクラムでも初期のスプリントの期間は長くとるなどして、基盤をしっかりと作れるだけの十分な時間を確保する工夫をします。

Column　PoC

　これまで例がなかったITシステムを作るときは、それが本当にうまくいくのかわからないこともあります。

　そのようなときには、いったん試しに作って実験してみて、うまくいったら本格的に作り始めるというように、いわば試作版を作って試すことがあります。これを「**PoC**（ピーオーシー、ポック：Proof of Concept。日本語では「**概念実証**」）」と言います。

　最近では、AI（人口知能）を使ったITシステムが作られることが多くなりましたが、この分野は、とくに、実際にやってみるまでは実用的に使えるかどうかがわからないことが多いため、PoCとして、まず、いったん作ることが、よくなされます。

　PoCの場合も、プロジェクトの進行は、通常とほぼ同じです。単純に、本格的に作る前に、小さなプロジェクトがひとつ進行するというだけです。

設計

開発

インフラ

テスト

運用・保守

進行・企画・営業・経営

本書を読むに当たって

　この章では、ITエンジニアに関わる人たちとITシステムの開発の流れの概要を説明しました。

　以降の章では、それぞれのITエンジニアの職種ごとに、どのような仕事をするのか、もう少し深掘りしていきます。

　深掘りを始めるまえに、ひとつ、注意して頂きたいことがあります。それは、IT企業は、たくさんあり、企業によって、仕事にやり方が違うのはもちろん、同じ職種名でも、担当する仕事の範囲が異なることも多いという点です。

　その典型的な職種が、「システムエンジニア」です。本書では、主に設計を担当するITエンジニアのことをシステムエンジニアと呼んでいますが、設計する人もプログラムを書く人も、どちらもシステムエンジニアと呼ぶ企業も多いです。そうした企業では、「○○部」や「○○担当」などの所属部署で仕事の内容が変わります。

　本書では、著者がこれまで携わったプロジェクトの経験を基に、多くのプロジェクトでは、こういう人が、こんな仕事をしているという形でまとめています。できるだけ一般的な内容としてまとめたものですが、ここに書かれたものが、すべてではないという点に注意してください。

　これは本書に限らず、市販の書籍や雑誌、そして、SNSでITエンジニアの仕事に関して発信される場面でも、同様です。

　ITシステムの開発は、それぞれの企業が、やりやすい手法で進めています。採用している技術や手法が古いとか新しいとかで善し悪しを語るのはナンセンスです。不確かな情報に惑わされないようにしましょう。

第 2 章

設計

設計は、作るべきものを決める工程です。システムエンジニア（SE）と呼ばれる人達が、お客さんとの打ち合わせを重ねながら、どのようなものを作っていくのか決め、設計図を作っていきます。

設計

開発

インフラ

テスト

運用・保守

進行・企画・営業・経営

作るべきものを決める

「こんなものが欲しい」「こんなものが作りたい」というアイデアを、ITシステムを作るための設計書としてまとめていくのが、設計です。**システムエンジニア**（System Engineer：SE）と呼ばれる人達が担当します。

要件定義・基本設計・詳細設計の３段階

設計は、大まかに、「**要件定義**」「**基本設計**」「**詳細設計**」の３段階に分かれます。それぞれ、別のシステムエンジニアが担当することもありますし、同じシステムエンジニアが担当することもあります。

大規模な場合（関わる人がたくさん居る場合）は、それぞれ別のシステムエンジニアが担当しますが、そうでない場合は、「要件定義と基本設計」を一人、「詳細設計」を別の一人が担当することが多いです。

詳細設計はプログラミングの知識が必要になるため、システムエンジニアだけでなく、**第３章**で説明する開発の人達が関わることも多いです。

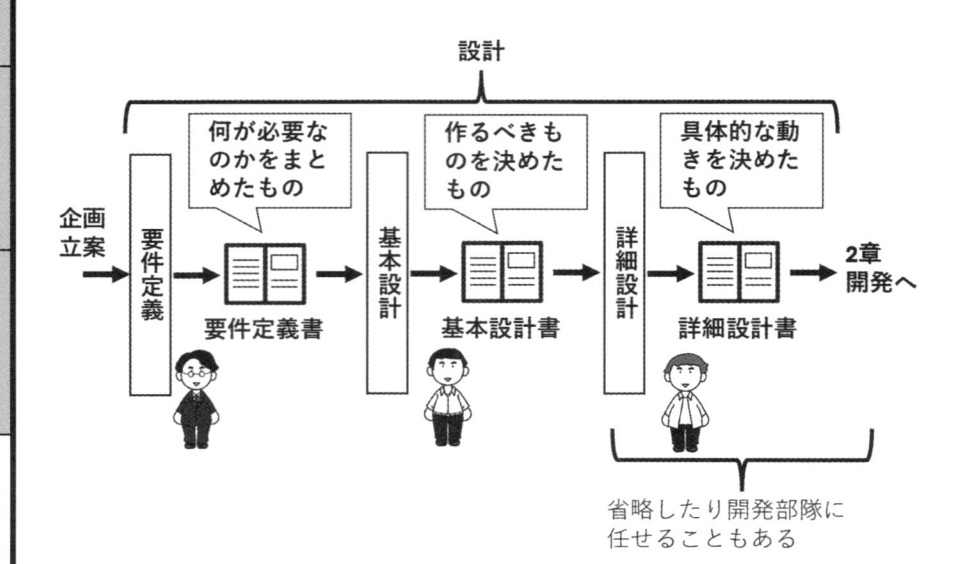

図2-1　要件定義・基本設計・詳細設計

何が必要とされるのかを決める「要件定義」

　最初の要件定義の工程では、これから作ろうとしているITシステムで実現することや求められることを決めます。

　ITシステムの開発は、「こういうものが欲しい」という発注者の希望がきっかけで始まります。

　要件定義は、これからITシステムを作っていくに当たり、発注者が求めるものを明確化し、意識合わせをする工程です。作り始めてから、「そういう意味ではなかった」とか「思っていたものと違う」などと言われても互いに不幸になるので、最初に作るべき姿を文書としてまとめて、同意をとりましょうということです。

　発注者が述べる「こういうものが欲しい」という希望のことを**要求**と言います。開発側は、その要求の意図を汲んで、「それならば、これから作るITシステムには、こういう機能が必要ですね」というように、その要求を満たすために必要なものをまとめます。これが**要件**です。

　ほとんどの場合、要件は、とても膨大になります。なぜなら、1つの要求が複数の要件として膨れ上がるからです。

　たとえば、「在庫管理機能が欲しい」という要求は、少なくとも、「在庫を登録・編集できること」「在庫を検索できること」「在庫を削除できること」が、機能として必要です。

　そして、「在庫とは、製品名と在庫の個数、卸値と売値で構成される」など、在庫情報が、どのような構造であるのかも決めなければなりません。

　それから、どんなユーザーがITシステムを使うのか──すなわち、誰でもITシステムを使えてよいのか。認証が必要なのか。認証はユーザー名とパスワードで良いのか、それとも、企業内にすでにある従業員の認証システムと連動するのか。ユーザーの部署が違うと、使える機能が違うのか。管理者など、全機能を扱える特別なユーザーは必要なのか。管理者ができることは何なのか──なども決めなければなりません。

　全部洗いざらいに連ねるので、要件の数は膨大になること必然です。

設計

開発

インフラ

テスト

運用・保守

進行・企画・営業・経営

　要件をとりまとめたものが、**要件定義書**です。作られた要件定義書は、発注者が確認して同意します。意図が正しくなかったり機能の漏れなどがあったりしたら、作り直します。

　要件定義書は、納品前の確認表にもなります。要件定義書に書かれた要件を満たしていなければ、納品できません（債務不履行なので、お金が支払われません）。逆に、要件定義書に書かれていない事項は、発注者がその実装を求めることができません（追加で費用が発生します）。

　要件定義書は、こうした契約に関する取り決めなので、発注者・受注者ともに、その確認作業は慎重になるのがふつうです。

Memo

アジャイル開発のほとんどでは、全体の機能を取り決めするための要件定義書はありません（強いて言えば、プロダクトバックログが相当しますが、ここに起票したタスクは固定ではなく流動します）。しかし要件定義書がないからといって、同意なく進むわけではありません。各スプリントの開始のタイミングで、ステークホルダー（＝発注者）が同意します。

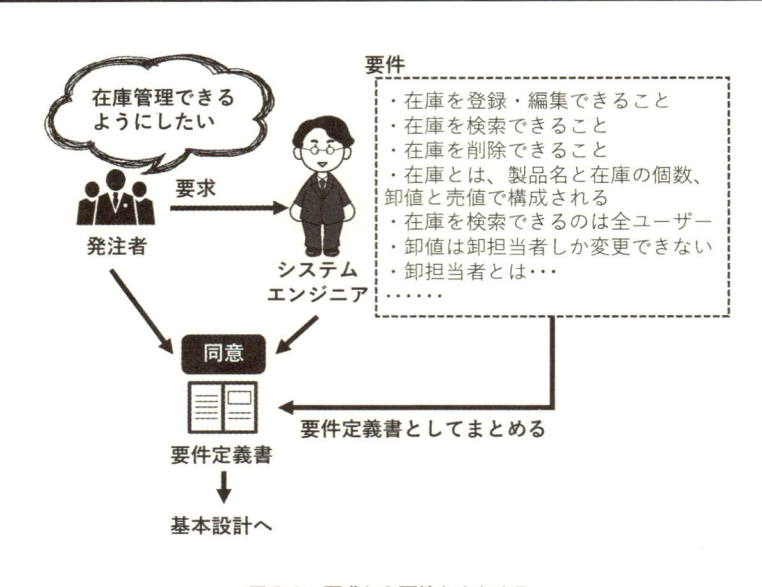

図2-2　要求から要件をまとめる

機能だけでなく性能も決める

　要件定義書に書かれた項目のほとんどは、「○○ができること」など、ITシステムがもつべき機能です。しかしそれ以外に、「24時間365日使えること」「同時に○○人がアクセスできること」「応答速度は、○秒以下であること」など、性能に関する事柄も決めなければなりません。

　つまり要件は、システムのプログラムの機能だけでなく、コンピュータやネットワークの性能なども含めた、総合的なものとして定めます。

　「○○ができること」などの機能に関する要件のことは**機能要件**、「応答速度は○秒以内であること」などの性能をはじめ、機能と関係ない要件のことは**非機能要件**と言います。

　非機能要件を、きちんと定めていないと、「速度が遅くて、事実上、使えないシステム」となってしまう可能性があります。

　とくに扱うデータ数の想定は、とても大事です。100件や1000件のデータを扱うシステムは、いまのコンピュータなら、適当に作っても、そこそこの性能が出ますが、10万件、100万件のデータを扱うのなら、それ相応の設計が不可欠だからです。

Column　非機能要件

　非機能要件は、「可用性」「性能・拡張性」「運用・保守性」「移行性」「セキュリティ」に大きく分類されます。

　構築するITシステムは、「24時間365日、どんなに負荷があっても動き続け、何があっても壊れずに運用する」のが理想ですが、そんなシステムは無理ですし、実現するとしても、とてもお金がかかります。

　そこで非機能要件では、ITシステムを利用する場面を想定して、「基本的には24時間365日だが、メンテナンスのために夜間は○時間止めてもよい」「障害発生時には5分以内で復帰することを基本とするが、都市壊滅などの大規模災害では、この限りではない。ただしその場合でも、データの保全は万全とする」など、現実的な範囲で定めます。

　非機能要件として必要な項目は、どのようなITシステムでも似ているため、ひとつひとつ発注者と議論する必要は、ほとんどありません。

　そこで実務では、経済産業省のIT政策実施機関であるIPA（独立行政法人 情報処理推進機構）が提供している「**非機能要求グレード**」という一覧表を使うことが多いです（https://www.ipa.go.jp/archive/digital/iot-en-ci/jyouryuu/hikinou/ent03-b.html）。この一覧表に書かれた内容を穴埋めしていくと、おおよその非機能要件が決まります。

設計

開発

インフラ

テスト

運用保守

進行企画・営業・経営

誰がどんな順序で動くのかを決める「業務フロー」

　要件定義の段階では、「どんな登場人物が居て」「それぞれが、どのような順序で何をするのか」も定めます。

　たとえば、通販システムであるなら、大きく、「購入者（一般ユーザー）」と「運営企業のユーザー」に分かれるでしょう。

　そして運営企業のユーザーは、「商品を登録するユーザー」と「決済や発送を担当する人」に分かれることでしょう。場合によってはさらに、お客さんからの問い合わせに対応する「サポート担当者」が必要かも知れません。

　発注者にヒアリングしながら、どんな人達が、どんな業務を、どのように進めるのかをとりまとめていきます。

　業務の流れは、たいていの場合、一連の線で示すことができます。これを**業務フロー**と言います。わかりやすくするため、要件定義の段階で、**業務フロー図**としてまとめることが多いです。

　設計の段階では、発注者との同意をとったり、開発チームメンバーで意思の疎通を図ったりすることが、とても大事です。ですから、業務フロー図に限らず、なにかまとめて図にして説明するということは、よく行なわれます（図2-3）。

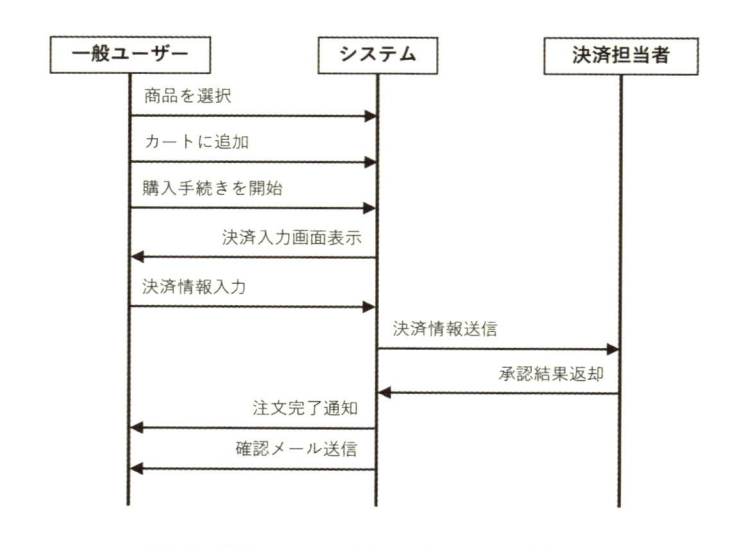

図2-3　業務フローをまとめた図（シーケンス図）の例

何を開発するかを決める「基本設計」

　要件定義書は、これから作る IT システムのあるべき姿を記載したものに過ぎません。記載された要件を満たすために、どのような開発をしなければならないのかを決めるのが基本設計です。

　基本設計の工程では、作るべき IT システムの設計図を作ります。この設計図のことを**基本設計書**と言います。

　基本設計書は、「機能の一覧」「画面や帳票の構成」「扱うデータの構造」「作った IT システムを稼働させるインフラの構成」「他の IT システムとの連携」などが含まれた、大まかな設計図です。

　機能の一覧や画面や帳票などの操作画面を含むため、意図と違わないか、漏れがないかなどを発注者に確認し、同意を得ます。

　基本設計書には機能一覧が含まれるので、「どんなものを作らないといけないのか」がわかります。それぞれの機能を作るのに、どれだけの日数が必要なのかを計算することで、完成までのスケジュールやコストが見積れるようになります。

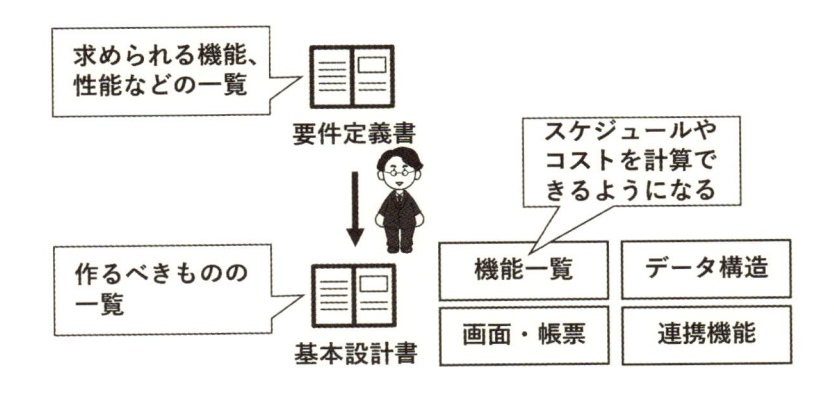

図2-4　基本設計

左端縦タブ：
設計
開発
インフラ
テスト
運用・保守
進行・企画・営業・経営

機能一覧を作る

　要件定義書の時点で、機能として何が必要なのかが記載されていますが、それをさらにまとめて、開発すべき機能の一覧をまとめます。

　というのは、要件定義書に記載された機能を1つ実現するのに、3つとか4つとかの機能を開発して組み合わせなければならないこともあるためです。逆に、複数の異なる要件を満たすのに、別の機能を流用できることもあります。

　基本設計書の段階では、要件定義の段階で定められた機能を、開発の観点で整理して、作るべきものは何かを明確にします。

画面や帳票の設計

　基本設計に含まれる資料のうち、わかりやすいのが、画面や帳票です。

　たとえば、「在庫を登録・編集できること」「在庫を検索できること」「在庫を削除できること」という要件を満たすには、在庫の登録や検索の画面がなければならないのは明らかです。そこで、どのような画面構成にするかを決めます。

Memo

画面や帳票の概要は、基本設計ではじめて出てくるわけではなく、要件定義の段階で、ある程度、決まっているのがふつうです。たとえば「在庫の管理画面がある」までは、要件定義の時点で決まっています。基本設計の段階では、そうした要件について、「具体的にどんな画面を作る必要があるのか」「どんな動きにするのか」というように、作る立場で、再度、設計するのです。

ボタンなどをクリックしたときの導線を決める

　一般に編集画面には、何らかのメニューがあり、そこから項目をクリックすると一覧が表示され、[新規]や[編集]のボタンがクリックされたときに入力画面が表示されて、[保存]で保存できるなど、一連の動きがあることが、ほとんどです。

　ですから、まずは、全体を通じて、どのような画面があり、どのように遷移していくのか、その導線を決めます。メニュー項目については、機能一覧を参考に作っていくことになるでしょう。

設計

開発

インフラ

テスト

運用・保守

進行・企画・営業・経営

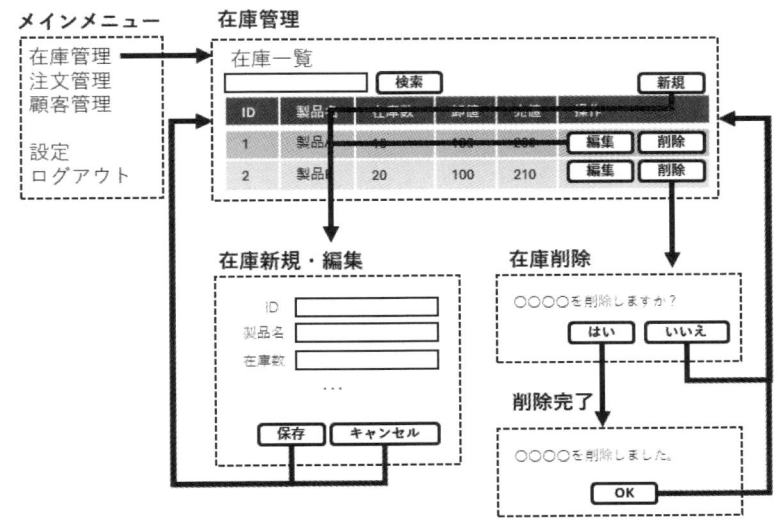

図2-5　全体の導線を決める

表示・入力欄を決める

　一覧画面や編集画面には、表示項目や入力項目として、どのようなものが必要なのかを決めて行きます。

　要件定義の段階で、「在庫とは、製品名と在庫の個数、卸値と売値で構成される」など、項目がある程度、定義されているはずなので、これを参考に画面を決めます。

　とはいえほとんどの場合、全部の入力項目が決められているわけではないので、およそ常識的な範囲で、必要となる項目を定め、発注者に画面を見せながら、問題ないかを確認してもらいます。

　入力欄を決めるときに重要なのが、エラーの決定です。

　入力項目には、「空欄を許さない」「最小値・最大値の制限」「長さの制限」「数字しか入力してはならない」「メールアドレスの書式以外は受け付けない」など、何らかの入力制限をすることがほとんどです。

Memo

　ユーザーが入力した文字が、あらかじめ定めた入力値の制限を満たしているかを確認する処理を**バリデート**（Validate：検証の意味）と言います。

設計

開発

インフラ

テスト

運用保守

進行・企画・営業・経営

　基本設計の段階では、こうした制限事項を定め、ユーザーがその条件を満たさなかったときの挙動も決めておきます。

Memo

条件を満たさなかったときの挙動は、十中八九「エラーを表示して再入力させる」となるはずです。その際に表示する具体的なエラーメッセージを基本設計に記述してもよいですが、そこまで書くと基本設計が膨大になってしまうため、詳細設計に委ねることが多いです。

Column　シンプルにして作るべきものを減らす

　当たり前ですが、作る画面や帳票の数が多いほど、作るのに時間がかかります。ですから、短期間で作るには、余計な画面を挟まないようにしたり、画面や帳票を使い回したりする工夫をします。

　たとえば、削除する場合、「削除しますか？」とメッセージボックスを表示するだけなら、さほど手間がかかりませんが、別の画面を用意して、削除対象のデータを表示し、その下に「このデータを削除してよろしいですか？」などと丁寧に作るのは、少しではありますが手間がかかります。

　「新規作成と編集画面は似ているので使い回す」のは常識として、たとえば、「入荷情報の登録」と「出荷情報の登録」は似ているから、共通の入力項目だけ使い回すなど、共通になりそうなところを見つけて整理していくと、開発すべきものを減らせます。

　開発すべきものを減らせば、その分、不具合も減り、品質も向上します。その分のテストの工程もなくなるのですから、全体のスケジュールも短くできます。

データ構造の設計

いま入力の制限の話をしましたが、これは画面で決めることというよりも、データの構造の問題です。そのため実際には、画面や帳票の設計書ではなく、データ構造の設計として記述します。

データ構造の設計では、どのような構造でデータをもち、どのような値を取り得るのかなどを定義します。これはデータベースの「テーブル」と呼ばれる構造を示していることから、**テーブル定義**などと呼ばれます（**表2-1**）。

表2-1　在庫テーブルの例

列名	型	空欄可	最大	最小	エラーその他	備考
在庫ID	数値	×	—	—	—	自動連番
製品名	文字	×	60	—	他と重複不可	—
数量	数値	×	—	0	—	—
卸値	数値	×	—	0	売値以下	—
売値	数値	×	—	0	—	—
摘要	文字	○	100	—	—	—

またデータは、複数のテーブルに分けて管理しており、テーブル同士が連携してつながっている構造をとることも多いです。

そのようなときには、ER図と呼ばれる、テーブル同士の関係を線でつないだ図として記述することが多いです（図2-6）。

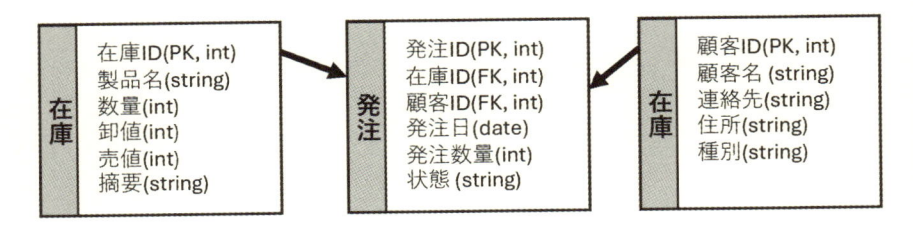

図2-6　ER図の例

設計

開発

インフラ

テスト

運用・保守

進行・企画・営業・経営

動かすためのインフラや技術を定める

　基本設計では、動かすためのインフラや、どのような技術を使ってシステムを開発していくのかも決めます。

要件を満たすためのインフラ

　非機能要件によって求められる性能が決まるので、それを満たすインフラを選択します。

　開発会社は、すでにたくさんの開発をしてきていて、運用するインフラのノウハウが溜まっています。ですから、そうしたインフラのなかから選ぶことになるでしょう。

　システムエンジニアは、インフラに詳しいとは限らないため、インフラの策定は、インフラエンジニアと相談して決めることがほとんどです（➡第4章）。

Memo

　インフラは運用管理の問題もあるため、プロジェクトごとに新しい技術を採用することは少ないです。そうしてしまうと、プロジェクトごとに新しい監視や管理の仕組みを作らなければならないからです。

どのような技術で開発するか

　今回のITシステムを、どのような技術で開発するのかについても決めます。

　「どのような技術」というのは、どのようなプログラミング言語を組み合わせるのか、どのようなライブラリやフレームワークを使うのかなどです。

　システムエンジニアは、開発に詳しいとは限らないため、実際にプログラムを書く開発のエンジニアの人達（➡第3章）やテックリードやCTOなど技術の方向性を決める人達（➡第7章）と相談して決めます。

Memo

　ライブラリやフレームワークは、プログラムに機能を追加したり、プログラムを動かすための土台となったりする共通のプログラムのことです。

プログラムを作るための詳細設計

　基本設計ができたら、機能ごとに、具体的に、どのように作るのか、より細かく設計します。これが**詳細設計**です。

　詳細設計では、具体的に、どのような操作をしたときに、どう動くかなどを事細かく決め、**詳細設計書**としてまとめます。正常に処理がされたときの挙動はもちろん、入力エラーが発生したときの挙動（表示すべきエラーメッセージや再入力させるかどうかなど）をはじめ、エラーが発生したときの細かい挙動についても細かく書きます。

　実際にプログラムを書くエンジニアは、詳細設計に基づいて、プログラムを作っていきます。詳細設計書は、技術要素が強いことと、内部がどのような作られ方であっても、操作など表面上は気にする必要がないため、発注者が確認することは、ほとんどありません。

　作られた詳細設計書は、機能の正しい動きを示したものであることから、のちのテスト（➡第5章）の工程において、動作確認する際の正しい動きかどうかの判定材料としても使われます（図2-7）。

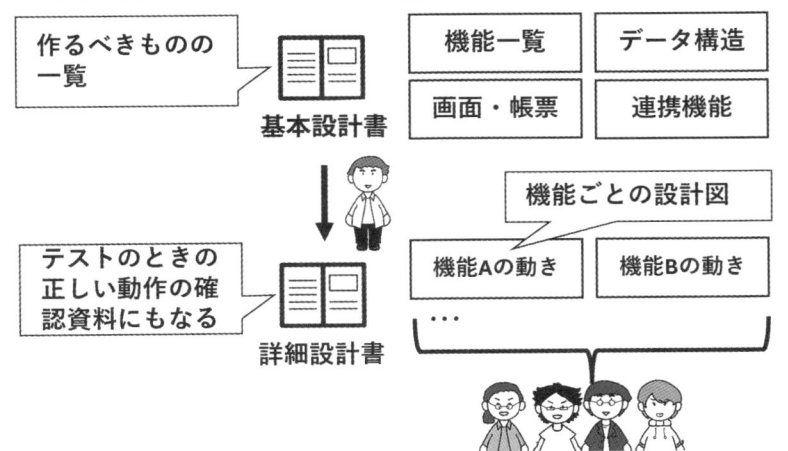

図2-7　詳細設計

設計

開発

インフラ

テスト

運用保守

進行・企画・営業・経営

システムエンジニアが担当しないこともある

　詳細設計は、プログラミングがある程度わからないと作れないこと、実際にプログラムを作る人が書いたほうがより詳しく書けることから、システムエンジニアではなく、開発を担当するエンジニアが作ることもあります。

　しかし開発を担当するエンジニアは、本来、プログラムを作るのが仕事です。設計書作りは負担になりますし、苦手な人もいます。そのあたりも考慮して、誰が担当するのかを決めます。

Memo

> アジャイル開発は担当制ではなく、皆がシステムエンジニア兼プログラムを書く開発エンジニアです。こうした開発チームでは、実際のプログラムを作る人が、詳細設計を担当する傾向が強いです。そもそも基本設計でさえも、誰かがまとめて設計するのではなく、皆で分担してプロダクトバックログにタスクとして起票します。

詳細設計を後回しにする

　実は、基本設計書さえあれば、それを基に開発できるので、忙しい開発現場では、詳細設計をスキップして開発の工程に進んでしまうこともあります。

　しかしそうすると、「何が正しい動作なのか」が明確ではないため、後のテストの工程で困ります。

　詳細設計の工程をスキップしたときは、テストの工程で改めて、「どのような挙動が正しいのか」をまとめる必要があります。

たくさんの業務をこなして成長する

　要件定義・基本設計・詳細設計のどれであっても、システムエンジニアは、設計図を作る仕事です。相手からヒアリングしたり、前提となる設計書を読み砕いたりするなどして、何かのインプットをまとめて、次工程に必要な資料を作ります。

　どれだけの種類の資料を、どのようにまとめていくのかは、規模によっても、作ろうとしようとしているITシステムの種類によっても、大きく違います。

　そのため、システムエンジニアとして成長するには、豊富な実務経験が不可欠です。独学で身に付けることは難しいため、基礎的なITシステム全体の構造や作り方の流れを理解したら、最初は、先輩に同行して議事録をとったり、資料のまとめを手伝ったりするなどからはじめていくことになるでしょう。そして次第に、小さなプロジェクトから担当することで、経験を積んでいきます。

　システムエンジニアの仕事の範囲や進め方は、プロジェクトチームによって大きく違います。
　企業には、それぞれの文化があります。転職などで他の企業に移ったときは、前の企業のやり方を引きずらず、転職先のやり方になじんでいくことも大切です。

発注者の「やりたいこと」を整理してまとめる

要件定義担当システムエンジニア

　要件定義担当システムエンジニアは、発注者の要望を聞き、正確に理解して、わかりやすくまとめる要件定義を担当します。

　発注の段階では、「これがしたい」という要求だけがあり、そのために必要なものが何なのかがわかりません。そもそも、発注者自身が、あるものごとをするために前提となるものや関連するものなどへの意識が抜けていることもあり、発注者本人や担当部署にヒアリングして聞き出さなければなりません。そのため、コミュニケーション能力が求められます。

　ヒアリングは、要件定義に欠かせない仕事です。少しずつ、作りたいITシステムの全容を掴んでいきます。最終的にITシステムのプログラムとして作るわけですから、そのために必要な情報をすべて揃えなければなりません。正常なときの動作だけでなく、イレギュラーなことが起きたときの対処まで定める必要があります。細かいところは基本設計で決めるので、要件定義の段階では、全体を俯瞰して物事を見る力が求められます。

　ヒアリングしたら、それをまとめて文書や図としてまとめて資料にします。こうした資料は、各部署に確認してもらうため、わかりやすくまとめることが必要です。そのため、技術力だけでなく、文書力も求められます。

ジョブ概要

- » 「やりたいこと」から「必要なもの」をまとめる
- » 業務の流れを関係者にヒアリングして深掘りする
- » 見聞きしたことをドキュメントや図としてまとめて、関係者全員の同意をとる

求められる業務知識

要件定義担当システムエンジニアの主な仕事は、ヒアリングとドキュメント化です。ITシステムに必要な機能や性能などを、とりまとめます。

誰が、何を、どうすると、どうなるのかを意識する

ITシステムは、何か入力があって、それを何らかの加工をして、出力していく仕組みです。

そのため、処理しようとする入力データが、どこから来るのかの追求が、とても大事です。人が入力するのか、どこかから送られてくるのか、インターネットなどから定期的に取得するのかなど、その形態は、さまざまですが、データはどこかから自然と生じることはなく、誰かが作成（もしくは外部から届く）ものです。

要件定義の段階では、この点を意識し、「誰が、何を、どうすると、どうなるのか」を意識していくことが重要です。

業務の常識を知る

ヒアリングする場面では、その業界の常識が必要とされる場面があります。その業界の用語や前提とする知識などがわからなければ、ヒアリングしても理解できませんし、そもそも何を聞くべきかもわかりません。

特定の業務に関連する常識は、**業務知識**と呼ばれます。要件定義担当システムエンジニアに限らず、システムエンジニア全般の担当者は、知っておくべきです。たとえば、「人事」「財務」「販売」「生産」「物流」「店舗」など、代表的な業務については、解説された書籍があるので、そうしたものを参考にすると良いです。もちろん、それがすべてではないですし、企業によって細かい流れは違いますから、「わからないことは、すべて聞いていく」という心がけが必要です。

設計

開発

インフラ

テスト

運用・保守

進行・企画・営業・経営

よくある機能は、こちらから提案する

　全部の事柄についてヒアリングして決めて行くのが理想ですが、そんなことをしていたら、時間が足りません。

　実は、ITシステムには、発注者自身が、あまり気にかけないけれども、決めておかなければいけない機能があります。

　たとえば、管理者機能などは、その典型的なものです。発注者に、「管理者機能として、どのような機能が必要ですか？」と聞いても、多くの場合、回答が戻ってきません。なぜなら、気にしていないことがほとんどだからです。代わりに、こちらから、おそらく必要となる管理者機能のひな形を作って提案し、「このような形で考えましたが、どうですか？」という聞き方にすると、スムーズに進みます。

　ほかにも、性能やセキュリティについて決める非機能要件なども、興味がない事項のひとつです。いくつかの選択肢を用意して、そこから選んでもらうなど、ある程度、こちらから作ったものから選んでもらわないと、いつまで経っても要件定義が終わりません。

ExcelやPowerPointなどで整理する

　仕事の内容が、ドキュメントや図として資料を作ることから、WordやExcel、PowerPointなどのオフィス系のツールを使うことがほとんどです。

　とくにExcelは、ヒアリングした資料をまとめたり、扱おうとしているデータを分類したり、数や傾向を調べたりするのに、とても良く使います。

　仕事の本質ではありませんが、作った資料は、皆に確認してもらうので、ある程度、レイアウトが整ったものを作らなければなりません。凝ったものを作る必要はありませんが、見せて恥ずかしくないデザインのものとして作ることを心がけます。

Memo

> 最近は、デザイン集やアイコン集などがあるので、PowerPointの資料を作るときのイラストで悩むことは少ないと思います。自分でアイコンなどを作るのは本質ではないので、フリーで使えるものは、積極的に使いましょう。

設計
開発
インフラ
テスト
運用・保守
進行・企画・営業・経営

高度な技術力より論理的な力

要件定義担当のシステムエンジニアは、IT システム全般を知っておく必要がありますが、それは IT システム作りの全体の流れや構造までであり、高度な技術力は、求められません。

要件定義担当のシステムエンジニアに求められるのは、**ヒアリング能力**と、それを**まとめる文書力**です。漏れなく全体を把握し、全体として破綻していない論理的な力が求められます。

要件定義書は、とかく膨大になりがちです。たとえば、文書の一部で「A」と言っているのに、別の文書で「B」と言っているなどは困ります。また、文書の一部で「C」に触れているのに、「C」の解説がないというのも困ります。こうした全体で齟齬のない、正しいドキュメントを作ることが重要です。

実際、業務の現場では、要件定義を担当するシステムエンジニアは、プログラミング経験者で理系の人ではなく、文系 SE と呼ばれる人達も多いです。文系 SE と呼ばれる人達は、理系出身の人に比べてプログラミングは得意ではないかも知れませんが、ヒアリング能力が高く、論理的にまとめる優れた力で勝負しています。

文系・理系問わず、まとめられる力があれば活躍できるのが、要件定義担当システムエンジニアです。まったくの未経験からでもなりやすい職種です。

こんな人が向いている

要件定義担当システムエンジニアは、要求をヒアリングし、要件として文書化する仕事です。コミュニケーション能力があり、しっかりとした文書としてまとめられる、全体を俯瞰でき、細かいところまで気が付く性格の人が向いています。
特定の分野に対しての高度な技術力ではありませんが、IT システムの仕組みや構造、作り方、そしてインフラ回りなど、広い基礎知識が必要です。

設計
開発
インフラ
テスト
運用保守
進行・企画・営業・経営

何を作るのかを決めた設計書を作る

基本設計担当システムエンジニア

　基本設計担当システムエンジニアは、何を作るのかという立場から、要件をまとめて基本設計書を作ります。

　要件定義書の段階では、「どうやって」の部分が具体化されていないため、そこを具体的な仕様や構造として設計します。つまり、プログラムやインフラ、技術でどう実現するかを考える仕事です。

　システム全体の構成を明確にし、それぞれの機能が、どのように連携するかを設計することが求められるため、システムの構造（アーキテクチャ）に関する知識や、適切な技術の選定能力も求められます。各機能を実現するために必要な画面設計やデータ設計などを作成するのも仕事です。

　作られた基本設計書は、のちに続く詳細設計、そして、実際に作っていくときのベースとなるため、後工程への影響が大きく、正確さと一貫性が重視されます。

　設計内容は、開発チームや発注者と共有して確認してもらうことになるため、資料の作成能力や説明能力も求められます。ときには、基本設計書を基に、発注者や要件定義担当エンジニアと、再度、調整することもあります。

　基本設計エンジニアには、技術力だけでなく、システム全体を俯瞰して設計を進める力や、論理的思考力も求められます。

ジョブ概要

» 「何を作るのか」という立場から「必要なもの」をまとめる
» 求められる要件を、技術で実現するための設計図を作る
» 画面や帳票など、ユーザーから見える部分を設計する

要件を技術で実現する

基本設計担当システムエンジニアは、要件を技術で実現するための設計書を作る仕事です。そのため、幅広い技術を知っておくことが求められます。

技術的な可能なことを前提とした設計

たとえば、画面の設計は、どこにどのような項目を表示して、どこに、どんなボタンがあるかという、ただの絵ではありません。技術的に、そうした動作が可能な絵でなければなりません。

ウェブやスマホの画面で実現する場合、形やレイアウトの制約がありますし、あまり小さな文字だと見えません。また、表示すべきデータが、あちこちにあると、それを集めるためにデータの表示に時間がかかることもあります。そこで、データ構造を工夫してまとめるようにしたり、ユーザーが操作するまでは表示したりしないなど、システムに負荷をかけないような配慮が求められることもあります。

設計の善し悪しでシステムの出来が変わる

基本設計の善し悪しで、システムの使い勝手や性能、そして、将来の拡張性が大きく変わります。

実際の設計では、「共通化できる処理」「作らなくてもよい処理」「負荷がかかりそうなところの分離」「セキュリティ上の懸念点」などのバランスを考えながら、検討していきます。

うまく設計すれば、作業工数が減り、スケジュールやコストの短縮に繋がりますし、堅牢にもなります。逆に悪い設計は、作るプログラムが複雑化してややこしくなり、不具合が出やすくなったり、安定して動作しなかったりする恐れがあります。できるだけシンプルに実現できる方法で設計するのも、腕の見せどころです。

幅広く知り、新しい技術もキャッチアップする

優れた設計をするためには、どんな技術で何が実現できるのかを幅広く知っておく必要があります。これは設計するときの道具になるからです。

それぞれの技術の詳細まで知る必要はありませんが、概要と仕組みまでは知った技術をたくさんもっておくと、設計の自由度が高まります。

新しい技術は、年々、登場しますから、キャッチアップも不可欠です。

設計

開発

インフラ

テスト

運用・保守

進行・企画・営業・経営

正確に記述できる文書力

　作成した設計書は、チームの人達や発注者が読み、それを基に、以降の開発が進んでいきます。そのため、わかりやすいのはもちろんですが、読まれたときに、誤解がされないように記述することも重要です。

　ドキュメントの作成には、要件定義担当システムエンジニアと同じく、WordやExcel、PowerPointなどを使うことが多いです。画面設計や画面遷移、フローなどを描くときは、専用のツールを使うこともあります。

Memo

画面設計や遷移には、Figma (https://www.figma.com/ja-jp/) というサービスが使われることが多いです。またフローの作成には、draw.io (https://app.diagrams.net/) やMarkdown形式が使われることもあります。Markdown形式は、テキストを特殊な記号で「見出し」や「箇条書き」などを表現できる形式で、Mermaid (https://mermaid.js.org/) という拡張書式を使うと、フローチャートなどの図が描けます。

実際の作業者と相談する

　基本設計書を作るときは、もし実際の作業者（詳細設計担当システムエンジニアやプログラマ、そして、インフラを担当するエンジニア）が決まっているのなら、そうした作業者にヒアリングして、事前に調整しておきます。発注者に同意をとったあとでは、覆すのが難しいためです。

　基本設計は、発注者が使いやすいものを提案するのが基本ですが、それと同時に、作りやすさも大事です。使いやすいものを提案しても、作るのが難しかったり、時間がかかったり、安定して動かないのは困ります。

　基本設計担当システムエンジニアは、ある意味、発注者の利益とプロジェクトのチームの利益を調整する役割も務めます。

ヒアリングを通じて技術を身に付ける

　実際に動くものを作るための設計をするのですから、高度な技術力をもつのが理想です。簡単なプログラムが書けたり、簡単なネットワークやサーバの構成を作ったり設定したりできる技量があると良いです。

　しかしそれはあくまでも理想です。プログラマやインフラエンジニアからジョブチェンジした人ならともかく、そうでなければ、難しいでしょう。

　ITシステムに使う技術は幅広く、全部をひととおり習得するのは難しいです。ですので技術力が足りないと感じたら、実際の作業者に、たくさんヒアリングして教えてもらい、それを自分の知識としましょう。ときには、良き参考書を教えてもらい、そこから理解の幅を広げるとよいでしょう。

　要件定義担当システムエンジニアに比べて技術的な要素が多いため、開発経験者や理系の人が多い傾向がありますが、業務経験を踏んで勉強していけば、文系の人でも務まります。

　ただし、まったくの未経験から、いきなり基本設計を担当するのは難しいです。要件定義担当エンジニアでITシステムの概要を知る経験を積む、もしくは、プログラミングを手伝うことで、実際のシステム作りの現場を知るなどしてから、この仕事に就くことになるでしょう。

こんな人が向いている

基本設計担当システムエンジニアは、何を作るかの立場から、設計する仕事です。プログラミングやインフラ構築の知識が必要なので、要件定義やプログラミング、インフラなどを少しでよいので経験してから、この職業に就くのが理想です。設計書を絵に描いた餅ではなく、実現可能なモノとして作る必要があるため、現代のどの技術で、どのようにすれば実現可能かを知っておく必要があり、幅広い技術知識が求められます。

開発するエンジニアへの指示書を作る

詳細設計担当エンジニア

　詳細設計担当エンジニアは、開発を担当するエンジニア（プログラマやデザイナ）のための詳細設計書を作る仕事です。基本設計書の段階で、大枠の動きや構造が決まっているので、それを基に、実際にプログラム（もしくはデザイン）として表現できるところまで細分化した設計書を作ります。

　詳細設計書には、個々の機能を作るための詳細な手順だけでなく、エラー処理の方法、そして、性能やセキュリティを担保するための項目も記載します。

　作成した詳細設計書は、のちのテストの工程において、どのような動きが正しいのかを判断する基準にもなるため、それを踏まえて、正確にわかりやすく記述することが必要です。

　ときには詳細設計書に記述した内容では、技術的に作れない、もしくは、困難だと、あとで分かることがあります。そのような場合には、開発を担当するエンジニアと調整しながら、詳細設計書を直すこともあります。

　発注者と直接やりとりすることはほとんどありませんが、開発を担当するエンジニアやテスト担当者とは密にやりとりします。ですから、ある程度のコミュニケーション能力は必要です。開発を外注する場合は、よりコミュニケーション能力が必要です。

ジョブ概要

- » 基本設計書で書かれた大枠を、実際に形にするための手順を作る
- » エラー処理や性能、セキュリティも含め、細部まで規定する
- » 開発を外注する場合は、その窓口になる

開発のための設計図を作る

　詳細設計担当エンジニアは、**詳細設計書**と呼ばれる、開発のための設計図を作ります。開発するエンジニア——すなわち、プログラマやデザイナなど——は、この設計図を見て、実際に作ります。

高い技術力が求められる

　詳細設計書は、基本設計書に書かれた内容を、より具体的にプログラミングできる精細度で書いたものです。この詳細設計書を読んで作れば、誰が作っても、同じ動きになるように務めます。

Memo
> 実際は、誰が作っても同じ動きになるほど精細に書くのは、とても時間がかかって非効率です。「そんなに時間をかけるなら、直接、プログラミングしたほうが早いではないか」となるからです。どこまで細かく記述すべきなのかは、プロジェクトに依ります。

　そのため、詳細設計担当エンジニアは、開発に使う技術に精通している——実際に、その技術を使ってプログラミングできる程度の技量をもつ——のが理想です。

　反面、コミュニケーション力や文書力は、要件定義担当システムエンジニアや基本設計担当エンジニアほど、求められません。詳細設計書は技術文書なので、発注者が読むことはないからです。

Memo
> ただし納品物として詳細設計書が求められることは多いので、あまりに恥ずかしい体裁はダメです。

詳細設計書の省略

　詳細設計担当エンジニアが、実際にプログラムを作れるほどの技量をもっているのなら、詳細設計書を作らずに、いきなりプログラミングしても良いのではないかという考え方もあります。

　実際、納期を短縮することが重視される開発現場では、詳細設計書を作ることが省略される、もしくは簡易なものしか作られないことも多いです。

　詳細設計書が必要とされる理由は、主に、3つあります。逆に言うと、これらが必要ないなら、詳細設計書は作らなくてもよいとも言えます。

①挙動の最終確認

　文書化してチームの皆で確認することで、齟齬がないかを最終確認します。

②テストの工程に役立てる

　詳細設計書には、「あるべき動き」が書かれています。開発工程の後には、テストの工程（➡第5章）があるわけですが、その工程では、詳細設計書と照らし合わせることで、「あるべき動き」の通りに動いているかどうかを確認します。

　詳細設計書がない場合は、テストの工程で、改めて、実際の動きを探りながらテストの項目を作っていかなければならなくなります。

③分業

　開発の規模が大きくなると、詳細設計担当エンジニアが実際に手を動かしてプログラミングしている時間は、ありません。

　そこで実際に手を動かしてプログラミングを作るのは多数の開発エンジニアに任せ、詳細設計担当エンジニアは、詳細設計書を作ることだけに専念します。

　上記のうち、①と③はチームによって詳細設計書の作成を割愛できる可能性があります。

　実際、開発チームによっては、詳細設計書の作成を割愛することもあります。しかし②に書いたように、詳細設計書はテストの工程が必要になります。もし、詳細設計書の作成を省略するのであれば、開発を担当するエンジニアが、その機能の動きを定めた簡易な詳細設計書を作る必要があります。

開発を外注する場合の詳細設計

　詳細設計の工程は、設計の工程ではありますが、開発にかなり近い部分です。そのためプロジェクトのチームによっては、設計のメンバではなく開発側のメンバが担当することも多いです。

　しかし開発を外注する場合は、その意味合いが違ってきます。外注する場合は、作った詳細設計書が、外注会社に発注する指示書になるからです。
　つまり、そのまま契約の内容にもなるため、要件定義書や基本設計書と同様の精細度で、きちんとした文書として作らなければなりません。

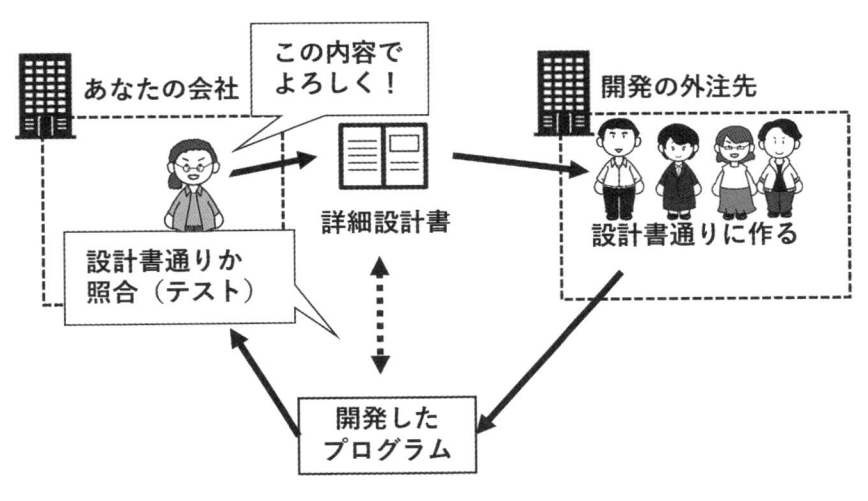

図2-8　開発を外注する場合

開発経験を踏むことが必須

　詳細設計担当システムエンジニアは、具体的なプログラミングの指示書を作ることから、プログラミング経験がないと作れません。複雑なプログラミングまでできる必要はありませんが、その素養は必要です。
　そのため、最初から詳細設計担当システムエンジニアになることは、ほぼなく、研修などでも良いので、何かしらのプログラミングの経験を踏んでから担当することになります。

設計

開発

インフラ

テスト

運用・保守

進行・企画・営業・経営

　詳細設計担当エンジニアは、実際に開発するエンジニアとは、特に仲良くなるべきです。

　詳細設計一図が間違っていて、開発するエンジニアから指摘を受けて修正することも珍しくありません。その場合は、間違えを認め、直すところは直さないと、関係がギクシャクして、その後の仕事に支障が出ることもあります。

　開発工程を外注する場合、仲良くなることは難しいですが、作った詳細設計書の差し悪しで、外注先の開発エンジニアは楽をすることもあるし苦労することもあることは理解しておくべきです。

こんな人が向いている

詳細設計担当システムエンジニアは、開発するエンジニアに向けた指示書を作る仕事です。開発のための指示書なので、多少なりともプログラミングの経験がないと務まりません。そうした理由から、開発を担当しているエンジニアのうち、手を動かしてプログラミングするよりも、資料をまとめることが好きな人が、この職に就くことが多いです。

第3章

開発

開発は、設計書に基づいてシステムを作っていく工程です。いわゆる、プログラミングの工程です。ウェブやスマホアプリなど、いくつかの分野に分かれていて、業務の領域が異なります。

プログラマがシステムを作る

　システムを動かすのはプログラムです。プログラムを作る人達のことを総じて、**プログラマ**と呼びます。

　しかし最近は、プログラマではなく、「○○エンジニア」のように呼ばれることが多いです。これはシステムが複雑化し、「ウェブの周りを担当する人」「スマホアプリを担当する人」など細分化したからです（図3-1）。

　「エンジニア」と「プログラマ」の名称の区別は明確でなく、文脈、そして、企業の文化によって異なります。いっときは、自ら設計したり考えたりしてプログラムを作る人を「エンジニア」、設計図がありその通りに書くだけの人を「プログラマ」と区別していた時期もありますが、いまでは、そうした使い分けをすることは少ないです。

　プログラムは、時折、**コード（code）**と呼ばれます。コードは、システムを構成するプログラムだけでなく、デザインや設定ファイルなども含んだ、人間が直接作るファイルの総称で、主に、テキスト形式で記述するもののことを言います。

ウェブエンジニア　　　　　アプリエンジニア　　　その他のエンジニア

フロント
エンジニア　　　　バックエンド
エンジニア　　　iPhone担当 Android担当 Windows担当　　組み込み

ブラウザ側を担当　　サーバ側を担当

コードを書く人は、皆「プログラマ」

図3-1　コードを書く人たち

設計
開発
インフラ
テスト
運用・保守
進行・企画・営業・経営

デザイナもシステム開発に携わる

システム開発には、デザイナも携わります。

　デザイナの携わり方は、プロジェクトによって、さまざまです。
　画面に登場するアイコンやボタンなどのデザイン、全体の色合いなどを決めて、あとはプログラマに任せるケースもあれば、プログラムの知識を少しもつデザイナが、画面回り全部をコードとして記述していくこともあります。
　また大規模なプロジェクトでは、使いやすさ・見やすさなど人間に優しいデザインを提案するデザイナが関わることもあります。

ウェブの開発

　開発に関わるエンジニアや仕事の進め方は、ウェブなのかアプリなのかなど、構成によって異なります。まずは、ウェブから見ていきましょう。

Memo

ウェブ（Web。World Wide Webの略）は、リンクをクリックして、さまざまなコンテンツに辿れる仕組みです。ブラウザでアクセスします。

　ウェブの開発は、大きく、ブラウザ側の開発とサーバ側の開発とに分かれます。ブラウザ側の開発を担当するのが**フロントエンドエンジニア**（frontend engineer）、サーバ側の開発を担当するのが**バックエンドエンジニア**（backend engineer）です。

Memo

バックエンドエンジニアは、サーバサイドエンジニア（server side）と呼ばれることもあります。

設計

開発

インフラ

テスト

運用・保守

進行・企画・営業・経営

ウェブシステムの構成

フロントエンドエンジニアとバックエンドエンジニアに担当が分かれるのは、この2つに分離できる構成になっているからです（図3-2）。

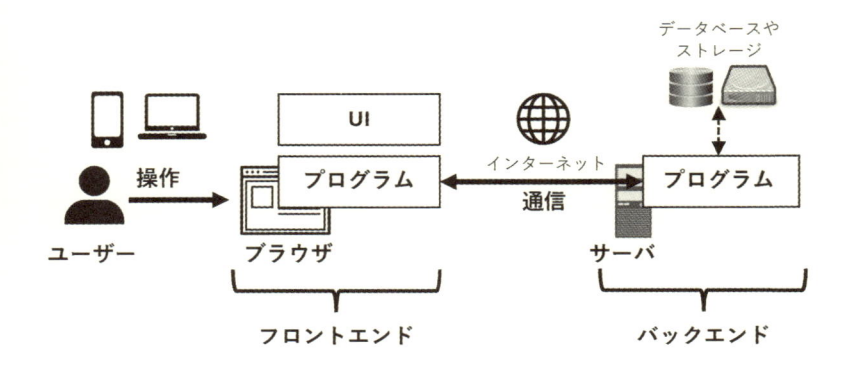

図3-2　ウェブシステムの構成

①フロントエンド

フロントエンドのフロント（front）とは、前面という意味ですが、ホテルのフロントと同じく、ユーザーの窓口になるという意味合いが強いです。

ウェブシステムでは、ブラウザを使って操作しますが、このブラウザ側のことをフロントエンドと呼び、その部分を担当するエンジニアのことをフロントエンドエンジニアと呼びます。

フロントエンドエンジニアは、ユーザーに直接見える部分、すなわち、**ユーザーインターフェイス（UX）**を担当します。ときにはデザイナの領域にも踏み込み、デザインを担当することもあります。

②バックエンド

バックエンドとは、「背後にあるもの」という意味です。

ユーザーがブラウザで何か操作すると、インターネットを経由して、サーバに置かれているプログラムを実行します。このようなサーバ上のプログラムをはじめ、フロントエンド側から参照される背後のものすべてがバックエンドです。

バックエンドは、サーバだけでなく、データを保存するための**ストレージ**や**データベース**などもありますが、どれも、フロントエンドの仲介なしにユーザーが直接アクセスすることはありません。

Memo

> ストレージとはディスクのことです。データベースとは、データを取り出しやすい構造で保存しておき、柔軟な検索条件を指定して必要なものを取り出せるシステム(サーバにデータベースのソフトウェアをインストールしたもの)のことです。

バックエンドエンジニアは、こうした背後にあるITシステムのプログラムを担当します。

バックエンドはシステムの根幹に関わるところなので、とくに慎重に作らなければなりません。なぜなら、たとえば、ユーザー認証の部分に問題があると、他の人が読み書きできてしまうなど、セキュリティの問題が発生します。通販システムなどにおいて、ユーザーが入力したフォームの確認に間違えがあれば、送付先が空欄のまま注文を受け付けてしまうこともあります。

また、決済できていないのに注文を受け付けてしまうということもありえます。

クライアント/サーバシステム

ウェブで動くITシステムは、**クライアント/サーバシステム**と呼ばれる、ネットワークを利用した多対1の構成のアプリケーションシステムにウェブ技術を適用したものです。

Memo

> クライアント/サーバシステムは、略して**クラサバ**とも呼ばれます。

設計

開発

インフラ

テスト

運用・保守

進行・企画・営業・経営

　ユーザーが操作するコンピュータが**クライアント**、そこから接続されて各種処理を担うのが**サーバ**です。

　クライアントは、言ってみれば操作端末のことです。今では、あまり見かけなくなりましたが、たとえば、駅の窓口で列車の指定券を買うと、駅員さんが端末を操作して切符を手配してくれますが、このときの操作端末がクライアントです。ウェブは、こうした端末が、私たちのスマホやパソコンになったのです。そのため開発では、スマホやパソコンのことをクライアントと呼ぶこともあります。

Memo

ウェブ技術とは、データ構造を規定するHTML、デザインの指定方法を規定するCSS、通信規約を定めるHTTP、暗号化技術のTLS/TLSなどを指します。

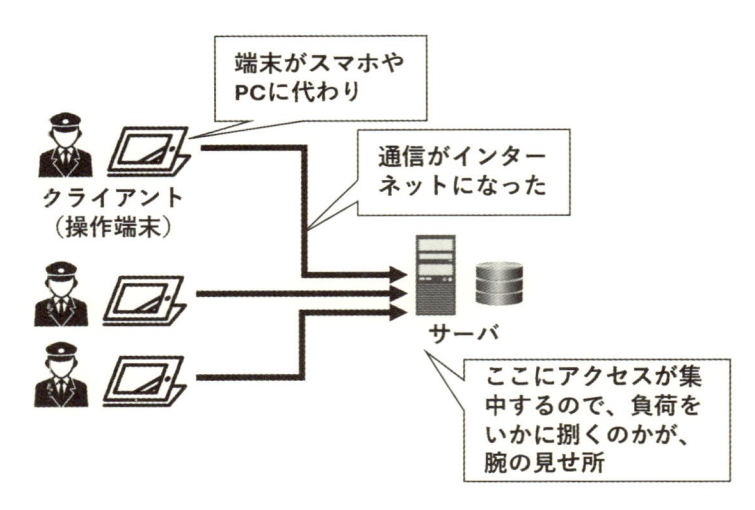

図3-3　クライアント/サーバシステム

API

バックエンドにあるサーバ上のプログラムは、たとえば、「商品一覧を取得する」「ある商品の詳細情報を取得する」「カゴに入れる」「カゴの中身を取得する」「決済する」など機能ごとに用意します。

フロントエンドのプログラム（ブラウザ上で動くプログラム）は、ユーザーが何か操作すると、こうしたサーバ上のプログラムを実行することで処理を進めます。

サーバ上に置いたプログラムのことは、**API（Application Programming Interface）**とも呼ばれます。

設計
開発
インフラ
テスト
運用・保守
進行・企画・営業・経営

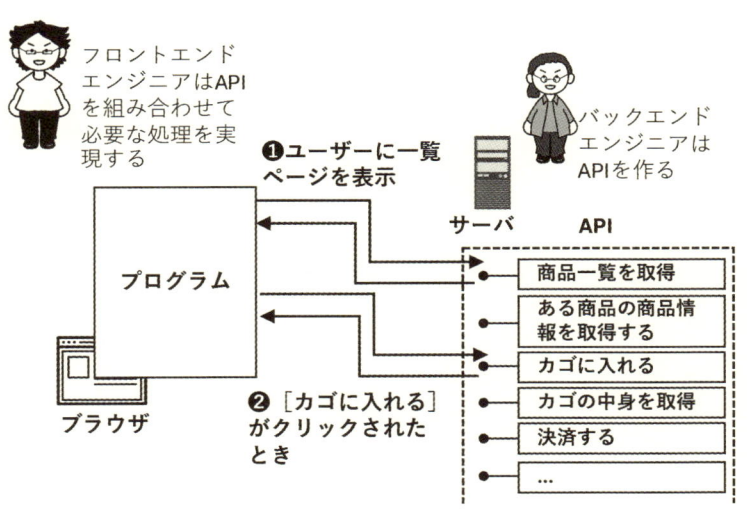

図3-4　フロントエンドとバックエンド、そして、API

APIとは、別のプログラムから実行されるときのやり方を定めたものです。たとえば、「カゴに入れる」というAPIであれば、「カゴに入れるべき商品番号を渡す」など、データの渡し方を規定します。同様に、「カゴの中身を取得する」では、「カゴの入っている商品の商品番号が、一覧で出力される」と規定します。

「決済する」のAPIは少し複雑で、たとえば、次のように細かく規定します。

- あらかじめカゴに対象商品を入れておく
- クレジットカード番号と有効期限、名義を渡す
- 決済が完了すれば「OK」という結果を返す
- 決済のニラーがあれば、「ERROR」という結果を返す。このとき何が原因だったのかというエラー番号を「ERROR_NUMBER」に入れる。ERROR_NUMBERとエラーメッセージの例は、別途資料で規定する
- カゴに入っていない、もしくは、金額が0円以下の場合は、エラーとする。このときのERROR_NUMBERは99999とする

フロントエンドとバックエンド共同作業

　こうしたAPIの動きを規定するのは、詳細設計の一環です。つまり、バックエンドエンジニアが作業する時点では、APIの詳細仕様が決まっており、その設計に従ってプログラムを作っていきます。

　フロントエンドエンジニアは、ユーザーインターフェイスを構成するブラウザで動くプログラムに、こうしたAPIを実行する処理（APIはネットワーク経由で実行されるので、通信も伴います）を組み込んでいくのです。

　このようにウェブシステムは、フロントエンドエンジニアとバックエンドエンジニアの共同作業で作られています。

APIを変更してはいけない

　共同作業と言っても、フロントエンドエンジニアとバックエンドエンジニアが、四六時中、一緒に作業するわけではありません。APIという取り決めがあるので、それに従ったプログラムを作れば接続できるはずだからです。

　逆に言うと、バックエンドエンジニア（および詳細設計担当システムエンジニア）は、一度、決めたAPIを変更していけません。そんなことをしたら、フロントエンドエンジニアが作ったプログラムが動かなくなってしまうからです。

　フロントエンドエンジニアとバックエンドエンジニアとのやりとりで多い場面は、次のようなときです。

設計

開発

インフラ

テスト

運用・保守

進行・企画・営業・経営

Memo

バックエンドエンジニア側からの問いかけも、もちろんあります。比較的多いのは、「APIの実行回数や頻度が想定より多すぎて、負荷がかかっている」ような場合です。この場合、フロントエンドエンジニアに確認し、必要に応じて、フロントエンドエンジニアが望む、負荷がかからない方法のAPIを改めて作ることもあります。

①APIのトラブルシューティング

フロントエンドエンジニア側から「APIの通りに実行しているけれども、うまく動かない」という問い合わせです。

この場合、バックエンドエンジニアはフロントエンドエンジニアと一緒に作業しながら、原因を究明します。

Memo

フロントエンドエンジニアは、サーバ内部で起きていることを見ることができません。そのため、フロントエンドエンジニアが不具合のある状況をわざと試しに実行し、そこにバックエンドエンジニアが立ち会ってサーバの状態を確認してもらう作業は、よく行なわれます。

②APIの要望

フロントエンドエンジニアが、「こういう処理をしたいけれども、そうしたAPIが、いまはないので作ってほしい」という要望をすることがあります。

その場合は、システムエンジニアと協議して、APIを新規に作ります。

Column **APIを「呼び出す」**

APIはフロントエンド側から必要に応じて実行するわけですが、こうした「機能を実行する」ことを、俗に、「呼び出す」と言うことがあります。

「呼び出す」は、英語のCallの翻訳です。開発中に「呼び出す」と表現されていたら、それは、実行することだと理解してください。

左側ナビゲーション：
設計
開発
インフラ
テスト
運用・保守
進行・企画・営業・経営

デザイン変更の頻度は高い

バックエンドエンジニアが作るAPI側は、一度決めたら、基本的に変更することはありません。それに対して、フロントエンドエンジニアが作るプログラムは、変更することが比較的多いです。

というのは、フロントエンドには、ユーザーインターフェイスが伴うからです。

・実際にシステムを作って動かして見ると、操作しにくかったり、分かりにくかったりすることがあります。このような場合は、ユーザーインターフェイスを再設計し、修繕を試みます。

・ある程度、システムが出来てくると、発注者となるお客さんに、実際に使って操作感等を確認してもらうことがあります。そのとき、お客さんからの意見を採り入れる必要があります。

・運用後も、操作性を向上するために、ユーザーインターフェイスを改善することは多いです。一般のお客さん向けのサイトであれば、季節ごとのキャンペーンを催すこともあり、そうした場合は、デザインの変更が必要です。

デザインも設計の一部ですから、変更するかどうかはシステムエンジニアが決定します。そのため、ウォーターフォール型の開発では、変更の流れは手続きを経たものとなるため、いきなり変更とはなりません。

しかしアジャイル開発では、スプリントのたびに変更が加わることは当然として、微細な変更であれば、朝に変更が決まって、夕方には変更が完了するというスピード感で動くこともあります。

アプリの開発

次に、アプリの開発について、見ていきましょう。アプリの開発は、「スマホ用」と「パソコン用」があります。

基本的な流れは同じですが、それぞれ作り方や使用するツール（ソフト）が異なります。また、同じスマホであっても、iPhoneとAndroidでは、作り方が違います。

スタンドアロン型とネットワーク型

アプリはまず、**スタンドアロン型**と**ネットワーク型**に大きく分かれます。
スタンドアロン型とは単体で完結しているもの、ネットワーク型とは別にサーバがあって、ウェブシステムのような構成のもののことです。

Memo

> スタンドアロン（standalone）とは、独立している・自立しているの意味です。
> データ自体もスマホに含まれているので、機種変更の際のデータ移行機能を
> 提供するなら、その機能だけネットワーク型のようにサーバに一時保存する
> 機能の実装が必要です。

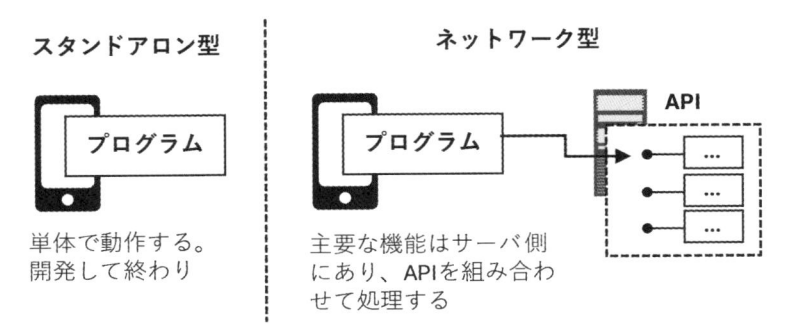

スタンドアロン型
プログラム
単体で動作する。
開発して終わり

ネットワーク型
プログラム
API
...
...
...
主要な機能はサーバ側
にあり、APIを組み合わ
せて処理する

図3-5　スタンドアロン型とネットワーク型

スタンドアロン型はアプリを作るだけで完成ですが、ネットワーク型の場合は、処理のほとんどがサーバにあり、サーバとの連携が必要です。すなわち、バックエンドエンジニアが作ったAPIを実行するような仕組みをアプリの中に組み込んで作ります。

設
計

開
発

イ
ン
フ
ラ

テ
ス
ト

運
用
保
守

進
行
・
企
画
・
営
業
・
経
営

Memo

> ネットワーク型の場合、サーバを必要とするため、その運用コストがかかり
> ます。対してスタンドアロン型の場合は、サーバを必要としないので、そう
> したコストはかかりません。

　ほとんどの場合、APIはウェブのものと共通にできます。ブラウザでも
スマホアプリでも使えるインターネットのサービスが多いのは、これが理
由です。ウェブのシステムとして作っておいたものを、追加でアプリ開発
することで、スマホアプリとしても使えるようになります。

Memo

> スマホアプリでは、カメラやGPSや通知、NFC（かざして使えるICカード）な
> どの機能が使えることから、ブラウザよりも使いやすい機能を提供できます。

プラットフォームごとに作り方が違う

　アプリは、iPhone用、Android用、Mac用、Windows用など、さまざま
なものがあります。こうした動作環境のことを**プラットフォーム**（platform）
と言います。

　アプリ開発では、プラットフォームごとに、「作り方」「作るときに使う
プログラミング言語（後述）」「作るときに使うツール（ソフト）」が異なります。
これは、プログラムを動かすときの仕組みが大きく違うためです。

　そのためアプリエンジニアは、それぞれのプラットフォームごとに、別
の人が担当することが多いです。つまり、iPhoneアプリとAndroidアプリ
を作るのであれば、iPhoneアプリのエンジニアとAndroidアプリのエンジ
ニアが、プロジェクトのメンバとして居ることが多いです。

Memo

> もちろんひとりで両対応することもできますが、スマホアプリの開発手法は、
> 短期間で変わっていくため、それに追いつくのが難しいです。たとえば、iOS
> がバージョンアップすれば、そのバージョンアップへの対応を余儀なくされ
> ます。こうした理由から、ひとりで両対応するのは、なかなか厳しいです。

プログラミング言語でプログラムを書く

プログラマは、**プログラミング言語**を使ってプログラムを書きます。

プログラミング言語は、コンピュータに指示を与えるための命令を表現するために考案された言語です。

コンピュータへの指示は、正確に書けることが必要なのはもちろんですが、ミスを少なくするために間違いがなく書けること（間違いがあったらコンピュータが指摘してくれること）も重要です。そして、高速に実行できることも要求されます。またプログラマの労力のことを考えると、やりたいことが短く簡潔にかけると嬉しいです。

こうした理由から、さまざまな目的や思想によって、これまでたくさんのプログラミング言語が登場しました。

現在、プログラミング言語は200種類以上あると言われています。そして、そのうちの主なものは20種類ぐらいだと言われています。

設計

開発

インフラ

テスト

運用保守

進行・企画・営業・経営

表3-1　主なプログラミング言語

言語	主な使用場面	概要
C言語	汎用	1972年、UNIXというOSを開発することを目的に誕生したプログラミング言語。高速でハードウェアを直接制御しやすい。他のプログラミング言語は、この言語に似た文法をとるものが多い
C++	汎用	C言語に対して、データとコードをひとまとめにして扱う「オブジェクト指向」と呼ばれる考え方を採り入れたもの
Java	バックエンド	元々は、Write Once Run Anywhere というスローガンで、一度、書いたプログラムは、どのようなプラットフォームでも動くことを目的に作られた。言語仕様は、C言語やC++に似ており、C++よりはシンプル。構造化されていて、誰が書いても同じようなプログラムになることからチーム開発に向いており、大規模開発に使われている
C#	バックエンド	マイクロソフト社が考案した言語。構文はJavaに似ている。バックエンド開発やWindowsアプリ開発に使われる
Kotlin	Androidアプリ	チェコの開発会社JetBrainsが考案したプログラミング言語。Javaを改良して作られた
Swift	iPhone・macOSアプリ	Apple社が考案したプログラミング言語。構文はC言語やC++に似ている
Perl	汎用	個人開発者のラリー・ウォール氏が、サーバ管理のためのプログラムを簡単に書きたいということで考案したプログラミング言語。自動化のための短いプログラムを作ったり、Web開発で使われたりしたが、現在は、ほとんど使われていない

言語	主な使用場面	概要
PHP	バックエンド	個人開発者のラスマス・ラードフ氏が考案した、Web開発を目的としたプログラミング言語。Web開発で多く使われる
Ruby	バックエンド	個人開発者のまつもとゆきひろ氏が考案した言語。Perlを分かりやすくし、オブジェクト指向を採り入れた構造。Ruby単体の使い方はPerlと同等だが、Ruby On RailsというWeb開発のフレームワーク（土台となるアドオンのこと）と組み合わせて、Web開発に使われる
JavaScript	フロントエンド	WebブラウザのメーカーであったNetscape社が考案した言語。ブラウザで実行できる唯一のプログラミング言語。フロントエンド開発で使われる
TypeScript	フロントエンド/バックエンド	マイクロソフト社によって考案されたJavaScriptを拡張した言語。「型（Type）」と呼ばれる考え方が採り入れられ、プログラムが書きやすく、きれいに、かつ、書き間違いがあっても警告が出やすいように工夫されている。実行時にはJavaScriptに変換される
Python	汎用/バックエンド	個人開発者のグイド・ヴァン・ロッサム氏が開発したプログラミング言語。実用的なプログラムを短いコードで書けるのが特徴。Webのバックエンドから各種ツール、機械学習（人工知能）まで幅広く使われている
Go	汎用/バックエンド	Google社のケン・トンプソン氏/ロブ・パイク氏によって考案された言語。高速、メモリ効率が良い、並列処理が得意などの特徴があり、バックエンドのほか、さまざまな場所で、C言語の代わりに使われる

開発に使えるプログラミング言語は限られる

　基本的には、どんなプログラミング言語を使ってもよいのですが、実務では、使えるプログラミング言語は限られます。というのは、適材適所があるからです。

　表3-1にもありますが、まず、スマホアプリ開発のように、特定のプログラミング言語でなければ書けないものがあります。具体的には、iPhoneアプリはSwift、AndroidアプリはKotlinでなければ書けません。

Memo

実際には他のプログラミング言語も使えますが、公式言語ではないプログラミング言語で書くと、実現できない処理があるほか、OSのバージョンアップで使えなくなってしまうリスクもある。そのあたりも考慮して、プログラミング言語を選択します。

　そしてフロントエンドは、JavaScriptにしか対応していないため、JavaScriptもしくはJavaScriptに変換可能であるTypeScriptしか、事実上の選択肢がありません。

一方でバックエンドは、こうした制約がないため自由度が高いものの、現実的には、どれでも良いと言えるほど、自由度が高いわけではありません。

なぜなら、作ったシステムは、安定して動かなければならないからです。そのためおのずと、過去に作ってきたシステムで使われたノウハウが蓄積しているプログラミング言語が選ばれます。いきなり新しいプログラミング言語を導入するのは、リスクが高いからです。

また、システム開発は、ひとりでなくチームで行なうものです。そのプログラミング言語を扱えるプログラマを集められることが必要なので、エンジニアの数を考えると、マイナーなプログラミング言語は採用しにくいです。

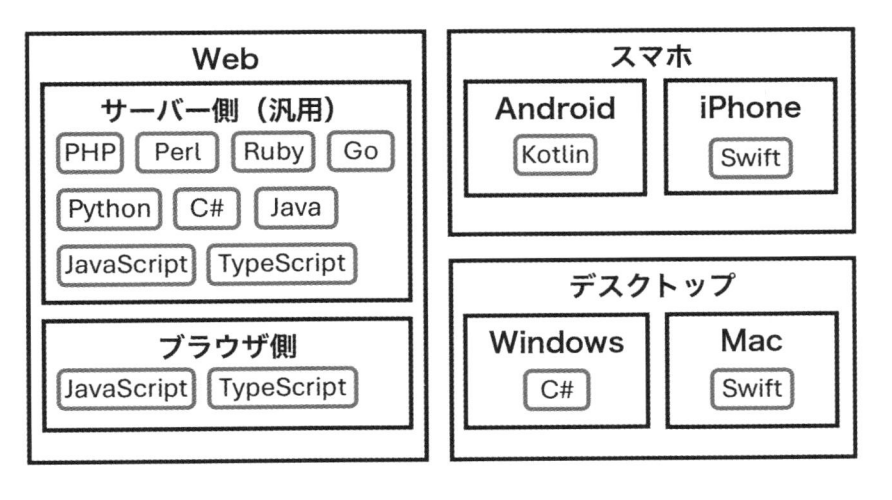

図3-6　プログラミング言語の選択肢は少ない

どのようなプログラミング言語を使って、どのような構成にするのかは、基本設計の時点で定めます。そのため、プログラマに作業が落ちてきた時点で、選択できることはほぼありません。

これは、社内での戦略も関わるため、システムエンジニアだけでなく、テックリードやCTOと呼ばれる人達も関与します（➡第7章）。

設計

開発

インフラ

テスト

運用・保守

進行・企画・営業・経営

テキストエディタや開発ツールで書く

　プログラム(コード)は、テキスト形式で作ります。文書などを書くときにも使われる**テキストエディタ**と呼ばれる編集ソフトを使って書けるのですが、多くの場合、よりプログラムを書きやすいソフトである、**開発ツール**と呼ばれるソフトを使って書きます。

　開発ツールは、テキストの編集機能に加えて、書いたプログラムを実際に動かすために、変換してファイルをまとめる操作(ビルドと言います)が付いているなど、開発に必要なもの一式が揃ったソフトです。**開発環境**や**統合開発環境(IDE：Integrated Development Environment)**と呼ばれることもあります。

　たとえば、マイクロソフト社のVisual Studio Code(略称：VSCode)は、人気が高い開発ツールです。

　実際に開発するには、開発ツールだけでなく、プログラミング言語ごと、もしくは、プラットフォームごとに異なる、それ専用の、実行のためのソフトをインストールしなければなりません。何が必要となるのかは、何をターゲットに開発するのかによって異なります。

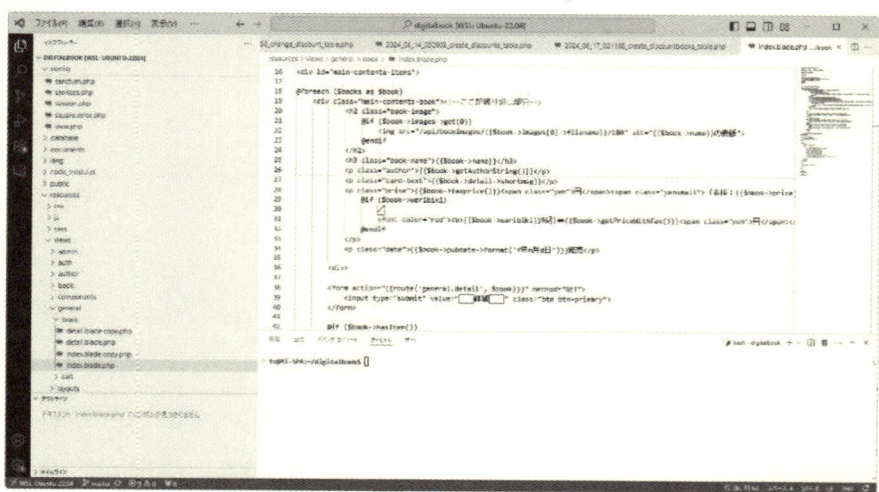

図3-7　開発ツール(Visual Studio Code)の例

チーム開発

近年の開発は、チーム開発です。そのため開発の現場では、チーム開発を前提とした運用で仕事が進んでいます。

ソースコードの集中管理

プログラマはコードを扱うのですが、ツールなどによって自動的に作られるものもありますし、変換して作るものもあります。こうした、さまざまなコードのうち、人間が直接書くものは、とくに「**ソースコード** (source code：sourceとは基になるものとの意味)」と呼びます。

昔は、エンジニア各自のパソコンでソースコードを編集して、生成物だけを皆と共有していたのですが、いまどきの開発では、そうではなく、全員のソースコードが、開発のためのサーバで管理されていることが多いです。

サーバで管理されているソースコードは、「誰がいつ、どこを変更したのか」という記録がとれるようになっており、問題が生じたときは、「最終の変更を取り消す」とか「○月○日まで戻す」ということもできるようになっています。こうした履歴の管理ができるシステムを、**バージョン管理システム**と呼びます。

近年、よく使われるのは、こうしたバージョン管理システムのうち、Git (**ギット**)と呼ばれるソフトウェアです。

Memo

> Gitのサーバは自前で用意するのではなく、後継のコラムで解説するGitHubなどのサービスを使うことも多いです。

Gitを使った開発では、Gitのサーバを用意し、そこでソースコードをまとめて管理します。

開発を担当するエンジニアは、はじめにソースコードを丸ごとコピーします。これを**クローン** (Clone) と言います。その後、定期的に、自分が作業する前には、それ以降、他のエンジニアによって変更された部分を、自分のパソコンのコピーに取り込みます。これを**プル**(Pull)と言います。

設計

開発

インフラ

テスト

運用保守

進行・企画・営業・経営

　こうして取り込んだ自分のパソコン上のファイルを手元で修正し、その修正を反映させます。修正を反映させることを**コミット（commit）**と言います。
　修正を反映させたら、今度は、それをサーバに書き戻します。サーバに書き戻すことを**プッシュ（Push）**と言います。

Memo

開発を担当するエンジニアは、加えた修正を、こまめにサーバに戻して、他のメンバが参照できるようにすることが大事です。これは自分の作業を他のメンバが見られるようにするという意味もありますが、自分の作業を減らすためでもあります。たとえば、開発者Aが修正を加えている最中のファイルを、別の開発者Bが修正して先にサーバに戻した場合、開発者Aの、あとからの戻しは、齟齬が発生するため、目視で確認して、部分的に戻したり、戻さなかったりを手作業で作業しなければならなくなります。

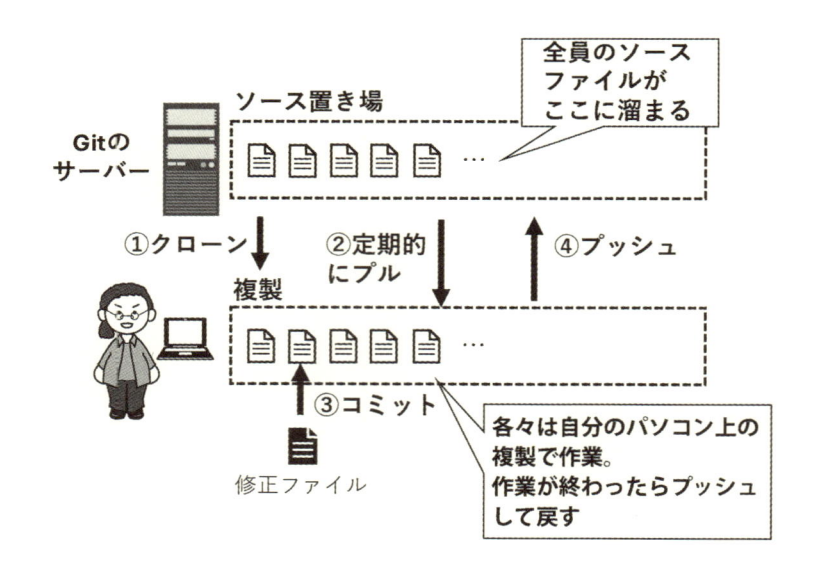

図3-8　Gitの概要

Gitを導入することで、次のメリットがあります。

①進捗が分かる

現在、どのような作業をしているのか、メンバの進捗が分かります。

②共同作業しやすくなる

誰がいつ、どのファイルを変更したのかが分かるので、何か問題が発生したときの原因が掴みやすくなります。

また、複数のメンバが関わる場合、同時にファイルを変更したために齟齬が生じて問題となってしまうような事故も防げます。

③問題があったら戻せる

履歴管理しているので、何か問題があったら、すぐにその時点まで、戻してしまうこともできます。

Column **Git と GitHub**

実際に Git を使う場面では、GitHub と呼ばれるサービスを使うことが多いです。GitHub は、Git を使いやすくしたホスティングサービスで、マイクロソフト社が運営しています。

もともと GitHub 社が運営していましたが、2018年にマイクロソフト社が買収しました。

GitHub を契約すれば、自分で Git のサーバを構築しなくても Git の機能を使ってソースコードの管理ができます。無償で使えるアカウントもあり、多くのユーザーが利用しています。

GitHub は Git よりも多くの機能を提供します。たとえば、ウェブ画面でソースコードを確認したり編集したりする機能があります。また、本文中で説明しているプルリクエストの機能や ToDo を管理できる Issue という機能は、GitHub ならではのものです。

Memo

> GitHub と同等の機能を自分のサーバで運用できる GitLab というプロジェクトもあります。Git サーバを作る際、GitLab で構成すれば、GitHub と同等の機能を自分のサーバでも実現できます。ソースコードを GitHub など外部のサービスに置きたくない場合には、GitLab がしばしば使われています。

コードレビューとプルリクエスト

設計

開発

インフラ

テスト

運用・保守

進行・企画・営業・経営

またGitには、**ブランチ (branch)** と呼ばれる、途中で開発を枝分かれする機能もあります。

この機能を使うと、開発の途中で「正式版」と「開発途中版」とで分けて、開発が進んだところで、その2つをまとめることもできます。まとめることを**マージ (merge)** と言います。

ブランチは、もっと細かい単位で運用することもできます。たとえば、何か不具合を修正したり、小さな更新をしたりするときも、その都度、ブランチ機能で分岐すれば、何の目的で加えた修正なのかが明確になりますし、間違ってしまった場合も、その修正全体を取り消したりできます。

チーム開発では、ブランチ機能を使って、エンジニアが書いたコードは、誰か別の人が確認しないと、それを本流に取り込めない運用をすることがあります。これはコードを確認することから**コードレビュー**と呼ばれます。

Gitの環境でコードレビューする場合、開発者は、本流とは別に開発のブランチを作って、そこで修正を加えます。修正が完了したら、本流の責任者がコードの確認依頼をします。これを**プルリクエスト**と言います。

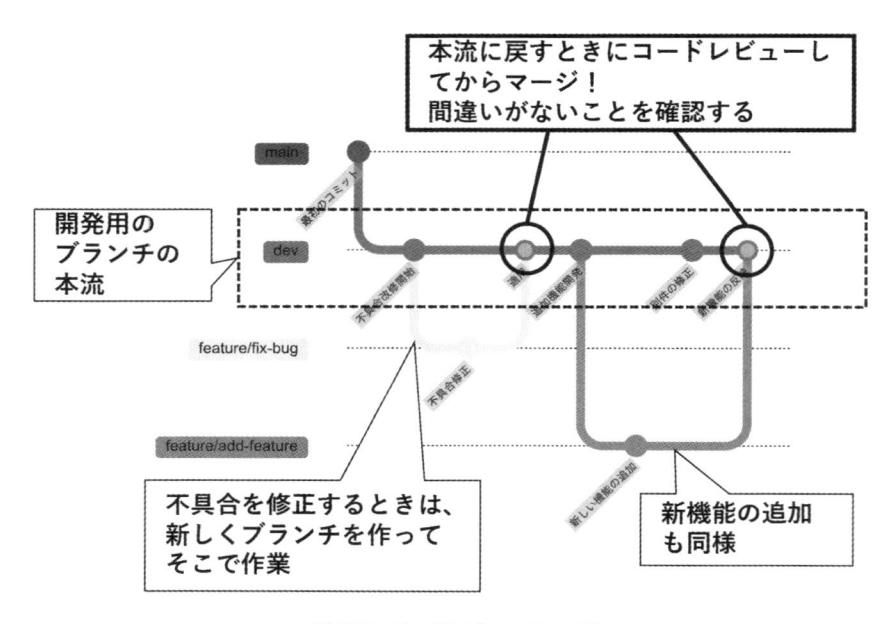

図3-9　コードレビューとマージ

プルリクエストを受け取った責任者はコードの内容を確認して、問題なければ本流に取り込みます。これもマージ(merge)です。

コードレビューをすることで、「不具合がないか」「セキュリティの懸念がないか」「この修正を加えることで、他の箇所への影響がないか」などを確認でき、安全・安定したシステムを作ることができます。

Column **コラボレーションツールとタスク管理**

プロジェクトでは、チームのやりとりを潤滑に行なうため、メンバ同士の連絡が密にできるよう、いくつかのツールが採り入れられています。

①コラボレーションツール

Slack や Chatwork のようなチャットで連絡できるツールです。チームのメンバ同士でやりとりするときは、こうしたツールで連絡をとって進めていくことが、ほとんどです。

チャットで解決しにくいことは、「ちょっと音声で話しませんか?」と言って、5分、10分の短い打ち合わせを、その場で行なうことも多いです。

②タスク管理

課題ごとに、誰がいつまでに完了させなければならず、いま誰が作業中なのかなどを管理するのは、プロジェクトの基本です。

こうした課題を管理できるタスク管理ツールは、多くのプロジェクトで導入されています。具体的なタスク管理としては、GitHub の Issue という機能や、Redmine というソフトウェア、Backlog などのサービスなどがあります。

タスク管理ツールでは、課題と作業完了希望日を記入して、担当者に割り当てることで、タスクを進めていきます。担当になったメンバは作業を進めますが、途中で質問事項があったり、自分の作業が終わって他のメンバに引き継いだりするときは、担当者の設定を、新しい担当者にすることで、作業を引き継いでいきます。

デプロイとCI/CD

設計

開発

インフラ

テスト

運用・保守

進行・企画・営業・経営

さて、開発したプログラムですが、ウェブであれば、サーバにコピーする必要があります。アプリであれば、それをスマホなどにインストール可能な形式に変換してストアなどから見られるようにしなければなりません。

こうした動かすために生成物を配備する操作を**デプロイ（deploy）**と言います。

小さなプロジェクトでは、デプロイをエンジニアの誰かが手作業で担当することもありますが、ほとんどの場合、デプロイ作業を自動化しておき、Gitの特定のブランチにコピーしたら、それが自動的に開発機や本番機に反映されるように構成しておくことが一般的です。

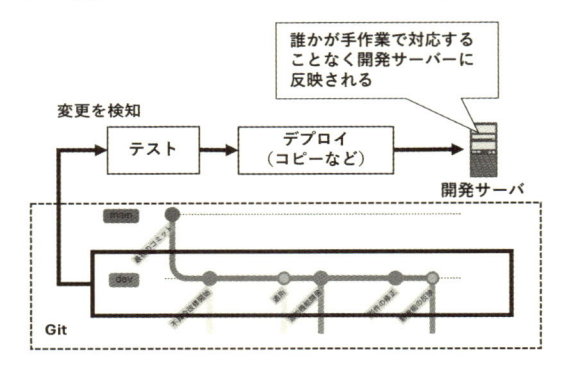

図3-10　デプロイの自動化

デプロイの自動化を、さらに推し進め、テストの工程も自動化したものが、**CI/CD（Continuous Integration（継続的インテグレーション）/ Continuous Delivery（継続的デリバリー））**です。CI/CDでは、テストの工程も自動化しておき、テストに問題がなければデプロイします。

Memo

> デプロイやCI/CDはインフラの領分でもあるため、インフラエンジニアが担当する、もしくは、インフラエンジニアとバックエンドエンジニアの共同作業であることが多いです。

つまり、CI/CDがうまく実現された開発現場では、開発エンジニアやデザイナが加えた修正は、すぐに反映されて使えるようになります。

Memo

> とはいえ本番への反映は危険なので、開発環境や検証環境まではすぐに反映されるけれども、本番環境への適用は、人間が手作業で適用可否を決めることが多いです。具体的には、土日を挟むとトラブルのときに人員がいないから、金曜日の夜への本番機への適用は避けるなどし、適用するときは、万一に備え、メンバが動ける時間帯に設定するのが一般的です。

1つの分野を中心に知識を増やす

　開発には、さまざまなエンジニアが関わりますが、基本的な仕事はコードを書くことであり、何が得意なのかという専門分野の違いに過ぎません。

　使用するツールや開発言語などが異なるだけで、やっていることは同じです。そのため、最初はiPhoneアプリのエンジニアだったけれども、Androidアプリを担当するとか、フロントエンドを担当していたけれども、バックエンドを担当するようになったなどの異動は、よくある話です。

　また小さなプロジェクトでは人員も少ないことから、ひとりのエンジニアが兼任することも、よくあります。

　多くの場合、異動の障害となるのはプログラミング言語です。ひとつだけしかプログラミング言語が使えないと、仕事の幅が狭まります。

　どのプログラミング言語も基本的な文法は似ているので、はじめに習得したプログラミング言語を軸足にして、さらに別のプログラミング言語を2つ、3つと、使える道具を増やしていくことを心がけましょう。そうしないと、時代の変化について行けません。

Column　システムエンジニアは開発中、何をしてるの!?

　開発工程になったら、設計していたシステムエンジニア達は、いったい何をしているのでしょうか？

　基本的に要件定義が、ひっくり返ることはないので、開発工程以降、システムエンジニアが関わるのは、基本設計と詳細設計です。

　プロジェクトによりますが、多くのシステムエンジニアは、開発の進捗を見守りながら、出来てきたシステムが正しいかを確認したり、ある程度、できあがったところで発注者に見せて説明したり、ときには実際に触ってもらって意見を聞き、問題があれば、設計書にフィードバックするなどの作業をしています。

　また出来上がってきた完成物から、次の工程のテストで使うためのテストの仕様書をQAエンジニアに渡すための資料を作ったりもしています（➡第5章）。

設計

開発

インフラ

テスト

運用・保守

進行・企画・営業・経営

バックエンドエンジニア

　バックエンドエンジニアは、IT システムの裏側を開発する仕事です。主に API の開発を担当し、フロントエンドからの接続に応答するプログラムを作ります。開発した API は、正しく動作するかを確認するため、簡単な確認用のプログラムを作ってテストします。サーバには、Linux と呼ばれる OS が使われることが多いため、その知識が必要です。

　チーム開発であることから、1 人のエンジニアが共有の開発サーバを占有するわけにはいかないので、開発作業は、自分の手元に開発サーバと同じような環境を作って、そこで開発することがほとんどです。

　これは開発の本質ではありませんが、そのための操作の知識も、少しだけ必要です。

　バックエンドのプログラムは、ロジック処理が基本ですが、データを保存するためにデータベースを使うことが多く、それらの知識も必要です。またメール送信やスマホの通知システムなどと連携することもあり、こうした関連知識が求められることもあります。

　バックエンドは、システムの根幹を支える重要な役割です。セキュリティに十分に注意し、また、高い負荷がかかっても安定して動作するよう、負荷分散についての検討も必要です。そのためにはプログラミングだけでなく、サーバやネットワークの理解も必要です。

ジョブ概要

- » サーバエンジニアと連携してサーバに必要な性能や台数を検討する
- » 開発のための自分だけの環境を自分のパソコンに用意する
- » 詳細設計書を基に API を作る

サーバで動くコードを書く

バックエンドエンジニアは、サーバで動くコードを作るのが仕事です。

仕事の大半は、フロントエンドから実行される API を作ることです。しかし、サーバ上では、それ以外のプログラムも必要になることがあります。たとえば、毎日深夜に売上集計をする、毎月月末に棚卸の集計をする、毎月 10 日に請求書を作成するなど、決まった日時に、何かまとめて処理しなければならないプログラムを動かすのは、業務システムで、よくある話です。こうしたプログラムを作るのも、バックエンドエンジニアの仕事です。定期的に動かすまとまった処理は、**バッチ処理**とも呼ばれます。

Memo

バッチ(batch)とは、ひとまとまりとか束という意味です。

サーバにログインして作業する

バックエンドエンジニアは、サーバで動くプログラムを作るわけですが、こうしたサーバは、サーバエンジニア(➡第4章)が作ります。

サーバにログインするための ID やパスワードなどの情報が渡されるので、それを使ってサーバにアクセスして、必要なプログラムを作っていきます。

Memo

分かりやすく ID とパスワードと説明していますが、実際は、「鍵情報」と呼ばれる認証用のファイルが渡されます。鍵情報は、人間が覚えられないほど長いランダムなデータです。

サーバには、**Linux（リナックス）**と呼ばれる、サーバでよく使われる OS をインストールして使うことが多いです(➡第4章)。そのため、バックエンドエンジニアには、Linux に関する知識が必要とされることがほとんどです。

自分のパソコンで実作業してコピーする

設計
開発
インフラ
テスト
運用・保守
進行・企画・営業・経営

いま述べたのは原理原則です。最近はチーム開発なので、サーバにログインして何か作業することは、ほとんどありません。

なぜなら、複数のバックエンドエンジニアが同時に1台のサーバにログインして何か操作すると、他のエンジニアの変更を上書きしてしまうなどの事故が起きるからです。

そもそも、バックエンドエンジニアは試行錯誤で開発サーバのプログラムを修正すべきではありません。バックエンドエンジニアがAPIを試行錯誤で調整してしまうと、作業中は不安定になりますから、フロントエンドエンジニアは、その間、自分の作業を進められません。

チーム開発では、開発サーバ上で試行錯誤して調整することは許されず、完全とは言えないまでも、きちんと動く状態のプログラムをコピーして、さっと載せ替えることが必要です。

こうした理由から、バックエンドエンジニアは、自分のパソコンに「開発サーバと同じ構成の仮想的なコンピュータ」を用意して、そこで開発を進めます。そして、きちんと動いたところで、開発サーバのプログラムを差し替えます。

Memo

Gitが導入されていて自動デプロイを実現している環境では、きちんと動いたことを確認したら、そのソースコードをコミットしてプッシュして、プルリクエストを送れば、誰かがマージして開発サーバに反映されます。逆に言うと、未完のものを自動デプロイ対象のブランチに入れてはいけません。

開発サーバと同じ構成の仮想的なコンピュータを作るには、VMwareやVirtualBoxのような**仮想化ソフト**と呼ばれるソフトを使います。

こうしたソフトを使うと、自分のWindowsパソコンやMacパソコンのなかに、別のコンピュータを作れます。ここに、開発サーバと同じようにLinuxなどのサーバ用のOSをインストールすることで、自分の手元に開発サーバと同じ状態が作れます。これを**ローカル環境**と呼びます。

機能ごとに小さなプログラムをたくさん作る

　バックエンドエンジニアは、APIのプログラムを作るわけですが、API
は機能ごとに分かれており、それがたくさんあります。ですから、バック
エンドエンジニアが作るプログラムも、小さなものがたくさんという構造
になります。

　大きな1本のプログラムとして作ることもできますが、そうすると見通
しが悪く、改良するときも、どこを修正して良いのか分かりにくくなりま
す。もしかすると、1つの修正が別のところに影響があることまで考えると、
おいそれと、1つの修正をするのも躊躇ってしまいます。

　こうしたことがないよう、バックエンドのプログラムは、できるだけ細
切れにして、可能であれば部分的な差し替えもできるような構造で作るの
が、望ましいです。

Memo

「見通しが良い、小さいプログラムをたくさんで構成する」という考え方は、チー
ム開発においても重要です。複数のメンバでの担当割もしやすくなりますし、
機能ごとに成否を確認できるため、テストの際にも有利です。

ライブラリとフレームワーク

　これはバックエンドに限った話ではないのですが、プログラマは必要な
処理のすべてを自分で書くわけではありません。そんなことをしていたら
時間が足りず、いつまで経っても完成しません。

　よくある共通の処理は、誰かが作った、ありもののプログラム集を使い
ます。これを**ライブラリ (library)** と言います。ライブラリは無償のものも
有償のものもあります。たとえば、「画像のサムネイルを作る」「PDF を作る」
「Excel ファイルを読み書きする」などは、その典型的な処理です。

　ライブラリを使う場合は、サーバのなかにライブラリをインストールし
ておく必要があります。

設計

開発

インフラ

テスト

運用保守

進行・企画・営業・経営

設計

開発

インフラ

テスト

運用・保守

進行・企画・営業・経営

またライブラリと似た概念として、**フレームワーク（Framework）**があります。フレームワークとは土台という意味です。フレームワークを使う場合、バックエンドのプログラムは、そのフレームワークから読み込まれて実行されるように作ります。つまり、フレームワークの流儀に従ってプログラムを書きます。

ウェブでよく使うフレームワークとしては、たとえば、PHPのLaravelやRubyのRuby on Rails、PythonのDjangoなどがあります。これらを使うことで、ページの遷移や入力データの取り出しなど、ウェブでよくある作業の一部をフレームワークが担当してくれます。

ごく簡単に言うと、フレームワークを使う場合、システム全体を作るのではなく、「どうなったときに、どうする」というような小さなプログラムをたくさん作る構造になるので、先に述べたバックエンドプログラムの作り方の方針である「機能ごとに小さなプログラムをたくさん作る」という考え方にも合いやすいです。

フレームワークもライブラリと同様に、使う場合は、サーバにインストールしておく必要があります。また、フレームワークとライブラリは併用できます。

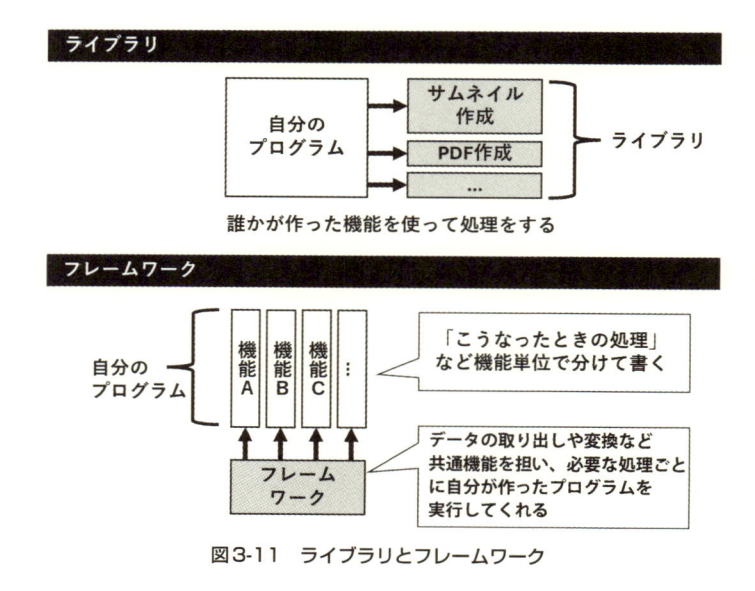

図3-11　ライブラリとフレームワーク

サーバエンジニアとの共同作業

このようにサーバには、ライブラリやフレームワークをインストールすることが必要なのですが、これらをバックエンドエンジニアがインストールするのかと言うと、そうではありません。

ライブラリやフレームワークをインストールするには、サーバの管理者権限が必要なのですが、バックエンドエンジニアには、セキュリティ上の理由から、管理者権限が与えられないことが多いです。

一般にサーバの管理者は、サーバエンジニア（➡第4章）です。ライブラリやフレームワークのインストールが必要なときは、サーバエンジニアに連絡して、代行してもらいます。他にも、サーバの設定変更が必要な場面では、同様にします。こうした流れをとることで、サーバエンジニアはインストールが必要なライブラリやフレームワーク、そして、必要な設定項目をすべて把握します。もしライブラリやフレームワークにセキュリティ上の懸念が生じたときは、サーバエンジニアがバージョンアップなどの適切な処置をします。

Memo

> バックエンドエンジニアにセキュリティ上、大きな権限を与えないのは、サーバエンジニアの知らないうちに、新たなソフトがインストールされたりセキュリティの設定が変更されたりして、安全を保てなくなる事態を防ぐためです。そもそも自動デプロイやCI/CDの環境が整った開発現場では、バックエンドエンジニアはサーバにログインする必要がないため、ログイン権限すら与えないことも多いです。

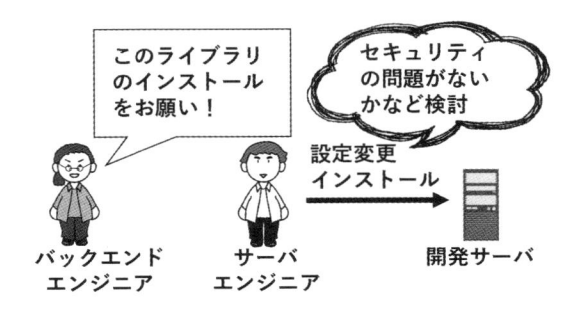

図3-12　サーバを構成するのはサーバエンジニア

設計

開発

インフラ

テスト

運用・保守

進行・企画・営業・経営

> **Column　コンテナを使った開発**
>
> 　近年では、**コンテナ（Container）**と呼ばれる技術を使って開発することも多いです。具体的なソフトの名前としては、Docker（ドッカー）やKubernetes（クーベネティス）などです。
>
> 　コンテナは、実行に必要なものをすべてまとめて1つのパッケージにする仕組みです。システムには、作ったプログラムだけでなくライブラリやフレームワークが必要だと言いましたが、コンテナを使うと、これらもまとめてパッケージにできるため、コンテナごとコピーすれば良く、運用がとても簡単になります。
>
> 　ただしコンテナを使った開発は、使わない場合と作法が異なるため、技術の理解が必要です。たとえば、バージョンアップをするときにはコンテナを丸ごと差し替えるため、コンテナ内部のデータが消えます。そのため、データ類は、コンテナの外に出しておかなければなりません。
>
> 　ほかにも、少し工夫をしないと複数のプログラムを同時に実行できないとか、定期的に実行されるプログラムが動かないなど、プログラミングの際の注意点が、いくつかあります。
>
> 　コンテナは、とても便利な仕組みなので、今後の開発で必須とも言えます。機会があれば、是非、習得することをお薦めします。

情報を保存するデータベース

　バックエンドでは、さまざまな情報を保存するために**データベース（Database）**が使われることが多いです。データベースは、さまざまな情報を検索・集計しやすく保存するためのソフトウェアです。

　データベースには、いくつかの種類がありますが、表形式の構造でデータを保存する**リレーショナルデータベース**が使われることが多いです。たとえば、商品情報、注文情報、顧客情報など、さまざまな情報を、こうしたリレーショナルデータベースに保存します。

　バックエンドエンジニアは、データベースに情報を保存したり、条件を指定してその条件に合致するものを取得したりする処理をプログラムに組み込みます。データベース操作には、**SQL**と呼ばれる記法で記述することがほとんどなので、この知識が必要になることも多いです。

APIを作って、自らテストする

実際のプログラムは、Visual Studio Codeのような開発ツールを使って記述します。ほとんどが処理ロジックであり、ユーザーインターフェイスの要素はありません。フロントエンドから何かデータを受け取って、それを処理して、結果を戻すようなAPIを、たくさん作っていきます。

作ったAPIは、正しく動作するかどうかを、バックエンドエンジニア自身が確認します。本来、APIは、フロントエンド側から実行されるので、フロントエンドエンジニアがAPIを実行するプログラムを書くまでは動作確認できないのですが、それだと、フロントエンドエンジニアの作業を待つことになりますし、そこで不具合が発覚したときは、API側が悪いのかフロントエンド側が悪いのかの判断が付きにくく、いろいろと作業が遅れてしまいます。

そこでバックエンドエンジニアは、APIを作り終わったら、そのAPIを実行するための簡単なテスト用のプログラムを作り、それを実行することで、APIが正しく動作するかを確認します。

こうしたテストは自動で実行できるようにしておき、**第5章**で説明するテストの工程で活用したり、CI/CDの一部として構成したりします。

Memo

> APIごと、もしくは、それよりも小さい単位など、機能単位で正しく動作するかを確認することを「**単体テスト**」や「**ユニットテスト (Unit Test)**」と呼びます。逆に、複数の一連の機能が正しく動作することは「**複合テスト**」と言います。

メールや通知、認証などは外部に任せることも

バックエンドでは、たとえば、注文受付が完了したときにメールを送信したり、商品を発送したときにスマホの通知機能で連絡したりすることもあります。

こうしたメール送信や通知機能を作るのも、バックエンドエンジニアの仕事です。しかし最近は、メールや通知については、そういう機能を提供する外部のサービスに委ねることが多くなりました。

メールや通知は、宛先のユーザーひとりひとりに送らなければならないことから、自分でサーバを作ると、その運用がたいへんであるのが理由です。とくにメールは、一度に大量のメールを送ると迷惑メールと判定され

て拒絶されることもあるため、ノウハウに基づいた送信間隔の調整等も必要です。

受注確認メールなど、都度、数通送る程度なら、自分でメールの送信機能を作っても問題ありませんが、大量かつ確実なメール送信をしたいのなら、外部のサービスに任せるのが無難です。

外部のサービスはAPI形式で提供されており、バックエンドからそのAPIを実行すると、そこからあとの実際の送信（およびエラーが発生したときの再送）は、その外部サービスが担当してくれます。

Memo

> 具体的なサービスとして、たとえば、メールはSendGridというサービスがよく使われています。

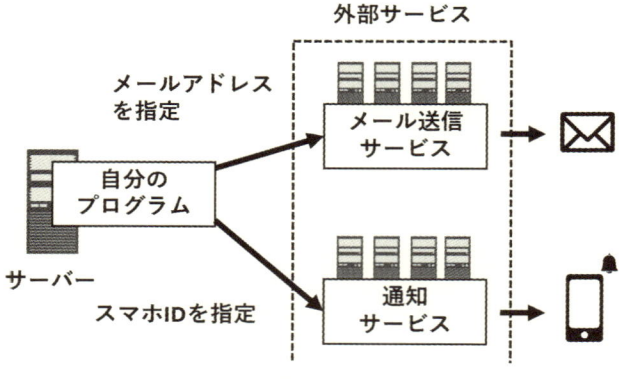

図3-13 外部サービスとの連携

また、ユーザー認証でも外部サービスが使われることがあります。

この頃はウェブのサービスにログインするのに、GoogleアカウントやFacebookアカウント、LINEアカウントなどの**SNSアカウント**でログインできるところが増えていることに気づいている人も多いかも知れません。

こうしたログインの連携は、認証サービスの連携によって実現されています。統一された規格のひとつとして、**oAuth**という規格があり、SNSアカウントでのログインには、この規格が使われていることがほとんどです。

もし、これから作るITシステムに、こうした認証連携を組み込みたいなら、バックエンドのプログラムに、そうした機能を組み込むことで対応できます。

安全・確実なプログラムを書くこと

　バックエンドのプログラムは、IT システムの根幹となる処理を実行する、とても大事なプログラムです。

　このプログラムの処理が間違うと、「注文したけれども、決済が漏れた」「違う商品が注文として登録されてしまった」など、重大な事故が起きます。プログラムを作るときに入念な注意をするのはもちろん、しっかりと動作テストをして、確実に動くように仕上げることが求められます。

　またバックエンドではユーザー認証もするため、認証処理を間違えると、本来は使えない人が使えてしまうだけでなく、他人になりすましたり、他人の情報が見えてしまったりするので注意します。

　こうした理由から、バックエンドエンジニアには、ある程度のセキュリティの知識も求められます。

　さらに、負荷の問題もあります。API は、フロントエンド側から実行されるものですから、フロントエンドを利用しているユーザー数が増えれば増えるほど、負荷が増します。

　増してきた負荷に対応するには、サーバエンジニアと連携して、サーバの性能を上げたり、サーバの台数を増やしたりして対処するのですが、処理が一カ所に集中するような設計だと、思うように負荷の軽減ができない可能性があります。こうした理由から、バックエンドエンジニアは、ネットワークを経由して実行されること、一度に、たくさん実行されることを前提としたプログラム作りが求められます。

こんな人が向いている

バックエンドエンジニアは、サーバ側の API を作る仕事です。サーバに関する知識はもちろん、ネットワークやデータベースなどの知識、ときにはメールやスマホ通知の知識まで、幅広い対応が求められます。ユーザーインターフェイスは作る必要がなく、純粋に処理ロジックを正しく書くことだけが求められます。技術以外の要素は、あまり担当したくないけれども、コンピュータが好きで好奇心旺盛、そして、付随する、さまざまな技術に触れたい、そんな人に向いています。

設計

開発

インフラ

テスト

運用保守

進行・企画・営業・経営

フロントエンドエンジニア

　フロントエンドエンジニアは、ウェブにおける操作画面を作る仕事です。ユーザーが目にする画面や操作するボタン、入力フォームなどの開発を手掛けます。

　バックエンドの API を組み合わせて、必要なデータを取得したり、入力データを送信したりするロジックも実装するため、デザインだけでなく、ネットワーク通信の知識も必要です。

　操作画面は、ウェブ技術である HTML や CSS を使って構成します。画面のデザイン自体はデザイナが作りますが、それを HTML や CSS で表現するのはフロントエンドエンジニアの役割です。そのため、技術的な事柄だけでなく、**本格的なデザインとまではいかなくても、レイアウトに関する基本的な知識が必要**です。

　プログラムは JavaScript もしくは TypeScript で作ります。バックエンドと同様に、ライブラリやフレームワークを使って、より短期間で作れるように工夫します。プログラムの作り方によって、応答速度が遅かったり、画面のちらつきが発生したりすることもあるので、そこが腕の見せ所でもあります。

　実務では、画面に表示する内容やデザインを迅速に修正しなければならないことも多いです。たとえば、細かな注意書きの追加や季節感を意識したデザイン変更などにも柔軟に応える、即応力が求められます。

ジョブ概要

- » ブラウザで動く、心地よいユーザーインターフェイスを作る
- » バックエンドのAPIを組み合わせて必要なデータを取得したり、サーバにデータを送信したりするロジックを作る
- » ライブラリやフレームワークを使って迅速に開発する

ユーザーの画面を作って通信する

フロントエンドエンジニアの仕事は、ブラウザ側に表示するユーザーインターフェイスを作ることです。

ボタンをクリックしたときの次ページへの遷移、入力フォームに入力されたときの入力不備の確認やエラー表示、文字の補完（自動入力）、ドラッグ＆ドロップによる操作の実現、ユーザーが設定画面で色合いを変更できる機能など、作り込む機能は、多岐に渡ります。

Memo

たとえば、郵便番号を入力すると自動的に住所が入力される機能は、フロントエンドエンジニアが作り込む機能の代表例。

バックエンドとの連携

画面に表示するのに必要な情報は、バックエンドのAPIを実行することで取得します。入力フォームへの入力など、情報を送信するときにも、APIを実行します。フロントエンドで実行されるプログラムは、ユーザーとのやりとりを中継するものだとも言えます。

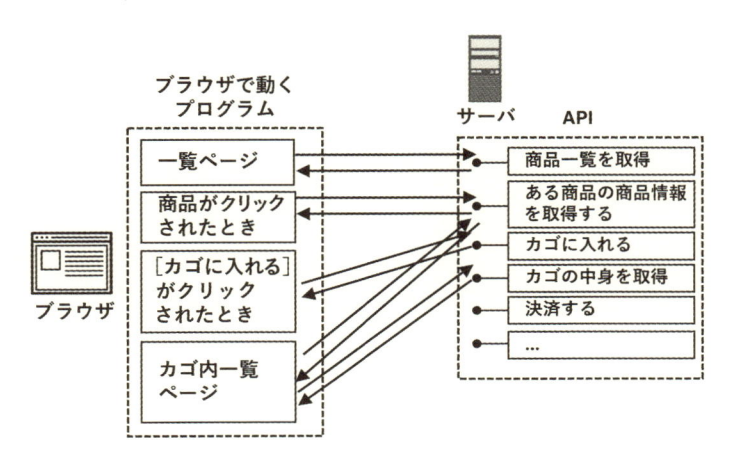

図3-14　フロントエンドのプログラム

設計

開発

インフラ

テスト

運用・保守

進行・企画・営業・経営

Column　フロントエンドエンジニア不在のプロジェクト

　基本的には、ブラウザ画面はフロントエンドエンジニアが担当するのですが、業務システムなど、あまりユーザーインターフェイスに凝る必要がないプロジェクトの場合、フロントエンドエンジニアがチームに居ないこともあります。

　フロントエンドエンジニア不在のプロジェクトでは、JavaScriptなどブラウザ側で実行するロジックは、ほぼ使わず、全部をバックエンドエンジニアが担当します。

　バックエンドエンジニアは、デザイナが作ったレイアウトを基に、「ユーザーに表示したいデータを穴埋めするようなプログラム」をバックエンドに作ります。

　こうした構造をとる場合、機能ごとにAPI化せず、ユーザーがブラウザで特定のURLにアクセスしたら、ただそのページを返すだけのシンプルな動作にすることが、ほとんどです。入力フォームに入力された内容も、ブラウザ側で何か処理することなく、バックエンド側で直接受け取って処理します。

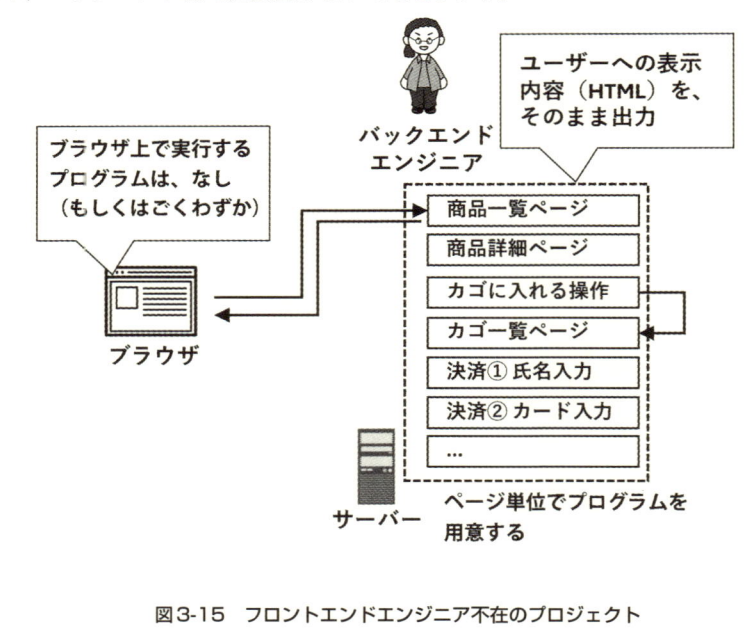

図3-15　フロントエンドエンジニア不在のプロジェクト

心地よい操作感を提供する

画面のデザインはデザイナが決めますが、ウェブ画面には動きがあります。たとえば、クリックすると動いたり、色が変わったりするのは、よくあるギミックです。こうしたギミックを組み込むのは、フロントエンドエンジニアの仕事です。

ギミックは、やり方次第で、操作感が変わります。たとえば、「ボタンをクリックした後に、すぐ画面を遷移すると見づらいから、ワンテンポ待つタイマーを入れよう」とか「表示するまでに処理に時間がかかりそうなので、グルグルと回るアイコンを入れようか」などの細かい工夫が、操作しやすいユーザーインターフェイスを生み出します。

操作したときに、ユーザーが心地よいと感じるかどうかは、フロントエンドエンジニアの腕次第です。

ブラウザで実現可能なウェブ技術で作る

フロントエンドのプログラムは、ブラウザ上で動きます。そのため、ブラウザ上で実現可能なウェブ技術だけで構成しなければなりません。

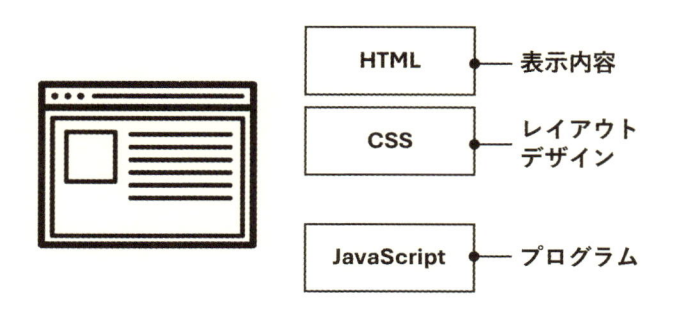

図3-16　フロントエンドのプログラムの構成

設計
開発
インフラ
テスト
運用・保守
進行・企画・営業・経営

HTMLやCSSで画面を作る

　画面は、HTMLおよびCSSというウェブ技術を使って構成します。

　HTMLはページを構成するための表示内容の書き方を決める仕様、CSSはレイアウトやデザインの指定方法を決める仕様です。

　これらのファイルはテキストエディタでも作れますが、実際の画面プレビューを見ながら作ることがしにくいので、専用のデザインツールを使って作ることも多いです。

　画面自体のデザインはデザイナの領域なので、デザイナの人にラフ描き（テンプレート）を作ってもらったり、必要なアイコンなどを作ってもらったりして、それをはめ込んで作ります。

　見た目の統一という観点から、システム全体で共通のフォーマットがあり、そのフォーマットをテンプレートとして使い回すことがほとんどです。

　そのため、一度、全体のフォーマットが決まれば、個々のページを作るのには、さほど時間がかかりません。

スマホでもブラウザでも動くように作る

　ユーザーは、スマホでアクセスすることも、パソコンでアクセスすることもあります。スマホもiPhoneだったりAndroidだったりしますし、パソコンもWindowsやMacがあります。よほどマイナーな機種は除くとしても、それらすべてで同じように使えなければならないので、フロントエンドのコードを書くときは、できるだけ違いを吸収するように配慮します。

　ウェブ技術は、どのブラウザでもほぼ同じですが、スマホは縦画面でボタンも大きめにしないとタッチしにくいなどの理由から、パソコンとは別のレイアウトにすることも多いです。

　よく採用されているのは、ブラウザの幅によってレイアウトを変更する仕組みです。この仕組みを**レスポンシブルデザイン（Responsive Design）**と言います。レスポンシブルデザインでは、画面幅によってレイアウトが変わるだけでなく、一部のボタンが非表示になったり、[…]などのメニュー

をクリックしないと表示されなくなったりもします。

　こうしたデザインの変化に対応するのも、フロントエンドエンジニアの仕事です。

Memo

> レスポンシブルデザインは、コンテンツ（HTML）は変更せず、レイアウトを指定するCSSで調整します。

パソコン（幅が広いとき）

スマホ（幅が狭いとき）

図3-17　レスポンシブルデザインの例

JavaScriptやTypeScriptでプログラムを作る

　フロントエンドの開発に使用できるプログラミング言語は、ブラウザで実行可能なプログラミング言語だけです。具体的には、**JavaScript**一択です。

　ただしJavaScriptをそのまま使うと、大規模なプログラミングをしにくいため、最近は、**TypeScript**と呼ばれるプログラミング言語を使うことが多いです。

　TypeScriptは、JavaScriptに対して、型（Type）と呼ばれる概念を採り入れたもので、きれいなプログラムが作りやすく、プログラムの記述ミスがあったときに発見しやすい工夫がされています。

　TypeScriptのプログラムは、ブラウザでは、そのまま実行できないので、ブラウザで実行可能なようにするため、JavaScriptに事前に変換するビルドという作業をします（後述）。

Column　**WASM**

　ブラウザが実行可能なプログラミング言語は、JavaScriptのみであると本文中で説明していますが、実は、もうひとつ、実行可能なプログラミング言語があります。それは、**WASM**（WebAssembly）です。

　WASMはバイナリ形式のコードで、特定のプログラミング言語を指すものではありません。C言語やRust言語、Go言語など、WASMに対応するプログラミング言語で記述し、それをWASMに変換（コンパイル）します。

　近年のブラウザは、このWASMに対応しています。つまり、JavaScriptだけでなく、C言語やRust言語、Go言語で書いたプログラムを動かすこともできます。

　しかしこうしたやり方は、まだメジャーではありません。その理由は、そもそもJavaScriptがブラウザのために生まれたプログラミング言語であり、その用途で使われてきた歴史が長く、ノウハウが蓄積しているからです。

　とはいえ、WASMには、さまざまなプログラミング言語が使えること、そして、実行速度が速いなどの利点もあるため、近い将来、WASMを使って、他のプログラミング言語でフロントエンドのプログラミングをするようになる可能性もあります。

フロントエンドの開発環境

　フロントエンドで扱うHTMLやCSS、JavaScriptはテキスト形式なので、テキストエディタ、もしくは、Visual Studio Codeなどの開発ツールさえあれば、作れます。

　しかしTypeScript言語で開発したり、ライブラリやフレームワークを使ったりすることもあるため、それらを使えるようにするためのフロントエンドの開発環境を作って、そこで作業することも多いです。

開発と実行の仕組み

　基本を言えば、記述したHTMLやCSS、JavaScriptをウェブサーバに配置し、そこにブラウザからアクセスすれば、フロントエンドのプログラムは動きます。昔は、実際、そのようにして作っていました。

Memo

　ウェブサーバは、ブラウザからアクセスしたときに応答を返すサーバです。バックエンドと同じサーバであることも、そうでないこともあります。

しかし近年は、フロントエンドの開発環境を作り、そこで開発およびテストをし、ビルドという作業をして、ブラウザ上で実行可能なようにまとめて、それをウェブサーバにデプロイすることが多いです。

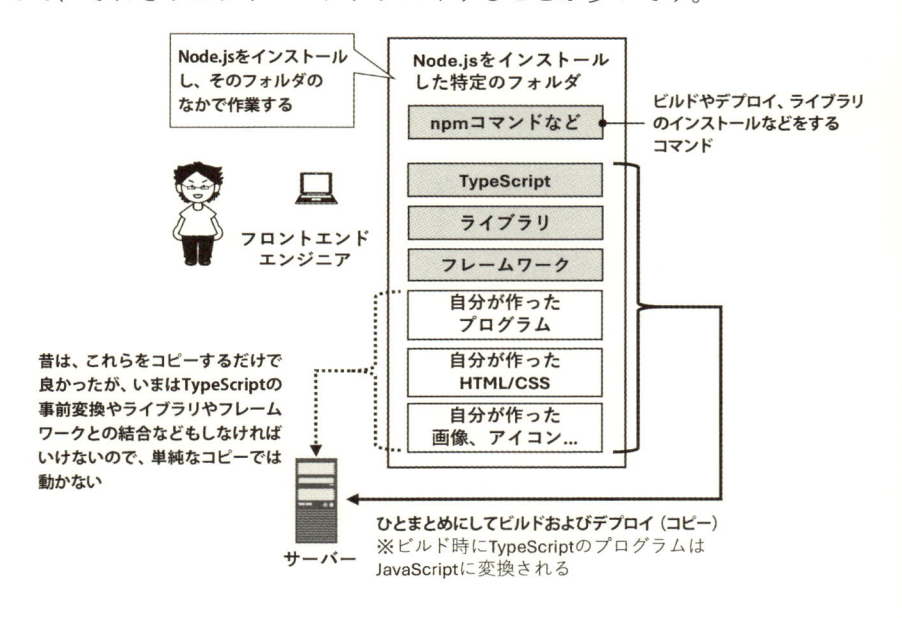

図3-18　フロントエンドの開発からビルド、デプロイ

Node.js

　フロントエンドエンジニアのパソコンには、**Node.js** と呼ばれるソフトウェアをインストールして、そのソフトを使って開発を進めていきます。

　Node.js は、JavaScript の実行機能をもつソフトウェアです。フロントエンドのプログラムも、バックエンドのプログラムと同様に、ライブラリやフレームワークを使うことがほとんどです。Node.js には、ライブラリやフレームワークをインストールする機能があります。TypeScript を使う場合は、Node.js を使って TypeScript をインストールします。

　プログラムを作ったら、ビルドという作業をします。すると、利用しているフレームワークやライブラリと、自分が作ったプログラムやHTML、CSS などが一体化してまとまり、実行可能な状態になります。このとき、

TypeScriptで書いたプログラムはJavaScriptに変換されます。これを**トランスパイル**と言います。Node.jsには、簡易なウェブサーバ機能があるため、ビルドしたら、そのまま自分のパソコンで動作確認できます。

　最後にデプロイという作業をして、こうしてまとめたファイル一式をウェブサーバにコピーすれば、ブラウザからアクセスしたときに動きます。

　自動デプロイやCI/CDの環境が構成されていれば、Gitにソースファイルをコミットした時点で、こうしたビルドおよびデプロイが自動で行なわれます。

Memo

CI/CDでは、ファイルを単純にコピーするだけでなくビルドしたりデプロイしたりするなど、ツールを実行する機能もあります。

フレームワークの利用

　フロントエンド開発では、フレームワークが使われることが多いです。有名なところとして、たとえば、ReactやVue.jsなどがあります。

　こうしたフレームワークを使う理由は、画面遷移や画面の書き換え、そして、バックエンドに置かれたAPIを実行するときの処理などをフロントエンドエンジニアが、ひとつひとつ記述する必要がなく、フレームワークが、こうした処理を担ってくれるからです。

　なお、フロントエンド界隈で使うライブラリやフレームワークは、頻繁にアップデートし、次々と新しい機能が追加されていきます。そうした動きに追従するのも、フロントエンジニアの務めです。

バックエンドプログラマとの連携

フロントエンドエンジニアは、バックエンドに置かれたAPIを実行します。そのため開発に際しては、バックエンドエンジニアとの連携が必要になることがあります。

実行の方法はAPIとして定義されているため、密に連携することはありません。連携するのは、うまく動かないなどの不具合があるときです。

フロントエンドエンジニアは、サーバの状態を見ることができないので、不具合があっても確認できる事項が限られています。そんなときは、バックエンドエンジニアに、うまく動かない状況を再現する方法を教えて、対処してもらいます。

ときには、バックエンドの開発が遅れていて、APIがまだ出来ていないこともあります。そのようなときは、完成まで待つのではなく、フロントエンドエンジニア側で、「正しくは、こういう結果が戻ってくるであろう」というAPIの仕様を基にしたダミーデータを作って、それを使って開発を進めることも多いです。

こんな人が向いている

フロントエンドエンジニアは、ブラウザで実行するプログラムを作る仕事です。なかでもユーザーインターフェイスの開発がほとんどを占めており、使いやすさの検討、そして迅速な対応や気配りができる人が向いています。システムのデザインは、見た目だけでなく統一性も大事なので、長さや幅などをしっかり数値で合わせられる几帳面な人は、適正が高いです。フロントエンドで使うライブラリやフレームワークは進化が早いので、最先端のものが好きな人にも向いています。

設計

開発

インフラ

テスト

運用保守

進行・企画・営業・経営

アプリエンジニア

アプリエンジニアは、スマホやパソコン上で動作するアプリを作る仕事です。

スマホ向けでは iPhone や Android、パソコン向けでは Windows や Mac があります。また、Microsoft Office を活用した業務ツールとして作ることもありますし、Unity などのゲームエンジンを使ったゲーム開発などもあります。アプリが求める機能や目的、納期などに応じて適切な方法を選択します。それぞれ作り方が異なるため、アプリエンジニアは、iPhone 担当、Android 担当など、専門分野が分かれることが多いです。

アプリは単独で動作するものもあれば、サーバと連携して動くものもあります。後者ではバックエンドエンジニアが構築したシステムとの通信を実装する技術が求められます。また、通知機能のような高度な機能を実装する際には、専用のサーバや mBaaS（モバイルバックエンドサービス）と組み合わせることもあります。

完成したアプリは App Store や Google Play などのストアに登録し、審査を経て公開されます。公開後も、OS のアップデートに伴う対応や機能追加が必要なため、アプリエンジニアには継続的なメンテナンスが求められます。

スマホはとくに進化が早く、新しい技術をキャッチアップしながら、新しい価値を提供する意欲が求められる職業です。最新技術に興味があり、チャレンジ精神旺盛な人にぴったりの仕事といえるでしょう。

ジョブ概要

- » スマホやパソコンのアプリを作る
- » ストアに登録する
- » 継続的なバージョンアップに対応する

スマホやパソコンのアプリを作る

　スマホやパソコンのアプリを作るのが、アプリエンジニアです。スマホでも Android と iPhone、パソコンでも Windows や Mac で作り方が違います。

　スマホやパソコンのアプリだけで完結するものもありますが、最近では、サーバに置かれたプログラムと連動することも多いです。そうしたアプリでは、バックエンドエンジニアが作った API と通信して処理するような仕組みも組み込みます。

スマホの開発

　スマホ開発は、iPhone なのか Android なのかによって、作り方が異なります。

Memo

　タブレットの場合の開発方法は、スマホと同じです。

①iPhone 開発

　Mac パソコンに XCode という開発ソフトをインストールして開発します。Windows パソコンで開発することはできません。
　使用するプログラミング言語は Swift です。

②Android 開発

　Mac もしくは Windows パソコンに Android Studio という開発ソフトをインストールして開発します。使用するプログラミング言語は、Kotlin です。

　XCode も Android Studio も、開発ツール上で画面を設計できるので、処理するプログラムと画面を同時に作っていきます。
　どちらにもパソコンで実行できるエミュレータがあるので、動作の確認はパソコン上でできます。
　ただし、パソコン上での実行は遅く、カメラや GPS のテストもしにくいです。そのため、作ったプログラムを iPhone や Android などの実機に転送して、そこで動作確認することが多いです。

設計

開発

インフラ

テスト

運用保守

進行・企画・営業・経営

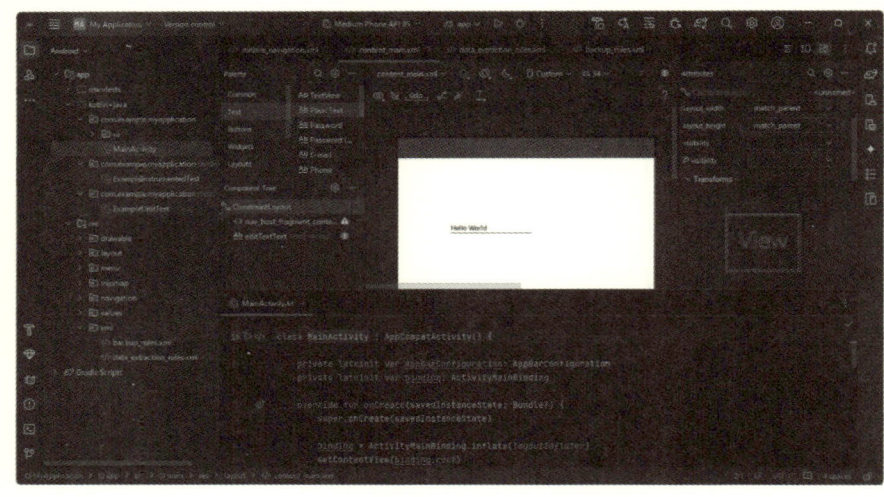

図3-19　Android Studioの例

Column　クロスプラットフォームフレームワーク

　iPhoneアプリとAndroidアプリは構造が異なるため、別々のものとして作るのは仕方ないのですが、できるだけ共通にして開発の手間をかけない工夫をしたいところです。

　こうした構造の違いを吸収して、どれでも同じ開発ができるようにするための仕組みとして、**クロスプラットフォームフレームワーク**があります。

　たとえば、React NativeやFlutterなどは、そうしたクロスプラットフォームフレームワークのひとつです。単純な業務アプリなど、ユーザーインターフェイスに凝る必要がない場合は、こうしたクロスプラットフォームフレームワークを採用することが多いです。

ストアへの登録

　作ったアプリを使ってもらうには、App Store（iPhoneの場合）やGoogle Play（Androidの場合）などの**ストア**に登録します。登録するにはデベロッパー登録（開発者登録）が必要で、費用がかかります。

　ストアに登録しても、すぐに公開はされず、審査が始まります。

　審査が完了するまで、1〜2週間かかることもあります。審査が完了するとストアに並び、ユーザーはストアから選んでインストールできるようになります。

バージョンアップへの対応

　スマホアプリは、ストアに登録して終わりというわけにはいきません。継続的に使ってもらうためには、iOSやAndroidの新しいバージョンへの対応が不可欠だからです。

　iOSやAndroidの新しいバージョンが登場すると、その新しいバージョンに対応した構造にしないと動かなくなることがあります。また、いくつかの機能が、あるタイミングで廃止されることもあり、その場合は、古いバージョンを使い続けることもできなくなります。

　iOSやAndroidの新しいバージョンが登場するときは、登場前に、開発者向けに β 版が公開されます。アプリエンジニアは、 β 版で動作確認して、必要に応じて修正して、アプリを更新し、申請し直さなければなりません。

通知の実装

　スマホの通知機能は、**図3-20**のように構成されています。

　Apple社もしくはGoogle社は、通知の送信命令を受け取るAPIを公開しており、そこに、宛先のスマホのIDと送信したいメッセージを指定すると、該当のスマホに通知を送信してくれます。

　この説明から分かるように、全員に送りたければ、全員分、このAPIを使って、繰り返し送信する必要があります。そのためには、何らかのサーバを用意して、そこに全員分のスマホIDを溜めて、繰り返し送信するような仕組みを作ります。

設計
開発
インフラ
テスト
運用保守
進行・企画・営業・経営

設計
開発
インフラ
テスト
運用・保守
進行・企画・営業・経営

　しかしこうした通知のためのサーバを作るのは複雑なので、通知機能が必要な場面では、スマホでよく使うサービスを代行してくれる mBaaS（mobile backend as a Service）を契約して使うことが多いです。

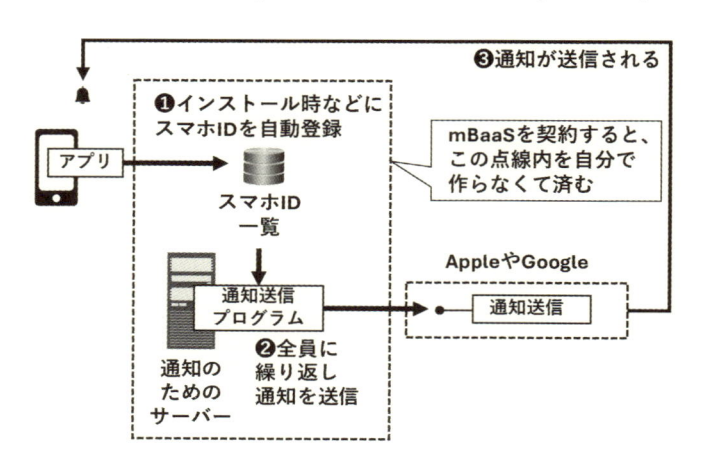

図3-20　通知の仕組み

パソコンのアプリ

　パソコンで動かすには、パソコン用のアプリとして作ります。Windowsの場合とMacの場合とで異なります。

①Windowsアプリ

　Windowsアプリの場合は、Visual Studioというマイクロソフト社のツールを使って、C#というプログラミング言語で作ることが多いです。ただしこれは一例であり、Visual StudioやC#以外にも、たくさんの方法があります。

②Macアプリ

　Macアプリの場合は、iPhone開発と似ていて、XCodeというアップル社のツールを使って、Swiftで作ることが多いです。こちらもまたたくさんのツールがあり、いろんなツールを使って作れます。

　パソコン用のアプリは、ビルドという作業をして、1本の実行形式のプログラム（たとえばWindowsの場合は「.msi形式」や「.exe形式」など）にまとめます。スマホアプリと同様にストアに登録して配布することもできますが、これは必須ではありません。実行形式のプログラムを直接、ダウンロードして実行してもらうこともできます。

オフィスソフトを使うことも

　業務アプリの開発では、実行形式のアプリではなくて、Microsoft Officeなどのなかで動く小さなプログラムとして構成することもあります。
　その場合は、VBAやマクロと呼ばれるツールを使って作ります。

Column　ゲームエンジンで作る

　ゲームエンジンでもアプリを作れます。たとえば、Unityは、2Dや3Dのグラフィックを使えるゲームエンジンで、C#でプログラムを作ります。
　Unityは、iOSでもAndroidでもWindowsでもMacOSでも動くので、1本のプログラムでこれらのプラットフォームにまとめてアプリを提供したいときにも便利です。

こんな人が向いている

　アプリエンジニアは、スマホやパソコンのアプリを作る仕事です。なかでもスマホ開発は、カメラやGPS、通知機能など、最先端の技術の塊であり、そうした技術に興味がある人にお薦めです。iOSとAndroidで作り方が異なるので、得意な方を選ぶことになるでしょう。スマホは進化が早いので、流行をキャッチアップする意欲が必要です。現場から数年離れると、当時の常識は、いまの非常識になることすらあります。どんどん新しいものを作っていこうという意欲がある人に向いています。

デザイナ

　システムには、画面をはじめとするデザイン要素がたくさんあります。そうしたデザインを担当するのがデザイナです。

　設計段階では、システム全体の共通するデザインコンセプトを作成します。年齢、性別、職業など利用者の属性、システムの目的などに応じて、適切なデザインを考案します。ときには、年配者や障害者への配慮を必要とする場面もあります。

　実作業としては、システムで使うアイコン画像などを作成したり、1つ1つの画面のテンプレートを作ったりする作業があります。エンジニアが作ったデザインなしのコードに、追加でデザインを入れていく仕事もあるので、たとえば、ウェブシステムの開発であるなら、HTML や CSS などのウェブの知識が必要です。

　システム開発におけるデザイナの役割は、クリエイティブな仕事とは少し違います。プロジェクトチームにデザイナが居るのは、あくまでも、作ろうとする IT システムの見た目や操作を定めるのに必要だからで、美しい絵やイラストが欲しいわけではありません。操作には慣れもあり、慣例的ではないデザインは受け入れられにくいです。たとえば、[OK] と [キャンセル] の、どちらのボタンを左に配置するかという些細なことでさえ、ユーザーは操作に戸惑うことがあります。世の中にある人が触れるモノのデザインを良く観察し、自分のデザインに採り入れていきましょう。

ジョブ概要

- » 全体のデザインを設計する
- » ページのデザインを作る
- » アイコンなど、必要なパーツを作る

デザイナが関わる範囲

　デザイナが関わる範囲は、多岐に渡ります。

　すぐ思いつくのは、画面のデザインを決めること、そして、アイコンなどの部品を作ることですが、それだけでなく、ユーザーインターフェイスの方針や統一感などを決めることもあります。

①全体のデザインを設計する

デザイナ　**デザイン設計書**　　　　　　**システムエンジニア**　**基本設計書や詳細設計書**

全体の操作感や統一感などを決めた設計書　　　　デザインに則って仕様を決める

②プログラマのためのひな形を作る

デザイナ　**ひな形**　デザインだけ渡す　**プログラマ**　動きを組み込む　**完成品**

③動きができたシステムをデザインする

プログラマ　**仮組**　動きだけできているもの　**デザイナ**　デザインする　**完成品**

図3-21　デザイナとシステムとの関わり

①全体のデザインを設計する

　大きな役割として、システム全体でのデザイン設計書を作る仕事があります。基本設計担当エンジニアと一緒に取り組みます。

　システムはレイアウトや表示方法、画面の構成によって、使い勝手が大きく違います。メニューの項目として常に表示すべきものは何か、隠してもよいものはどれか、どのような階層が適切かなど、操作のしやすさもデザイナが検討します。

設計

開発

インフラ

テスト

運用保守

進行・企画・営業・経営

　使いやすさ・見やすさは、**ユーザビリティ**と呼ばれます。なかでも障害のある人を考慮した設計は、**アクセシビリティ**と呼ばれます。自治体向けのITシステムでは、適切なアクセシビリティが要求されることが多いです。

　デザインするときは、個々の事情も配慮します。たとえば、企業向けのプロジェクトであれば、企業のコーポレートカラーを活かした色合いにするとか、利用者は年配の人が多いから文字の大きさは大きめが良いなどです。

　こうした共通のデザインの設計図は、詳細設計などの工程において、実際の画面を作るときの方針として使われます。

②プログラマのためのひな形を作る

　デザインはあくまでも絵なので、それをITシステムで実現可能にしなければなりません。たとえば、ウェブのシステムなら、HTMLやCSSで表現します。

　こうした技術を用いたコードで表現する仕事は、デザイナが担当する場合も、プログラマが担当する場合もあります。

　デザイナが担当する場合は、そのひな形をプログラマに渡し、プログラマが、そこに差し込むデータや処理する機能などのプログラムの要素を組み込みます。

Memo

> デザインの絵からHTMLやCSSなどで表現するコードに変換する人は、デザイナではなくコーダー（Coder、コードを記述する人という意味）と呼ばれることもあります。

③動きができたシステムをデザインする

　逆にプログラマが仮の状態でデザインが適当なまま動きを仕上げて、それに対して、デザイナがデザインを調整するやり方もあります。

期待されることはプロジェクトで異なる

デザイナに期待されることは、プロジェクトによって大きく異なります。
全体のデザインの仕事なら、紙でデザインするのと似たような仕事です
し、画面を実際に作るのであればフロントエンジニアの仕事に近く、ウェ
ブ技術など開発するシステムに関する知識が必要になります。

しかしどの場合でも、クリエイティブな要素よりも、ユーザーが使うこ
とを考えたデザインが要求されています。

たとえば、「システムのメインページに表示される絵」とか「今回開発す
るシステムのブランドとなるアイコン」などは、システムに関わるデザイ
ナではなくて、その手の仕事を得意とするクリエイティブなデザイナさん
に発注することが多いです。

プロジェクトのメンバとして所属するデザイナは、あくまでもユーザー
が操作する立場からの仕事がメインです。ユーザーの使いやすさを原点とし、
人間の知覚や行動などを含んだ理論への理解があると活躍の場が広がります。

また現場では、「ページをたくさん設計する」「必要なアイコンをたくさ
ん用意する」「ページ内の文言などを変更する」など、数をこなすことが必
要となる雑多な作業も多いため、仕事のスピードも重要視されます。

こんな人が向いている

デザイナは、システム全体の統一感をデザインしたり、それぞ
れのページのテンプレートを作ったり、デザインをフィニッシュ
したりする仕事です。アイコンなどデザインに必要な要素を作
ることもあります。技術でデザインを実現するため、採用して
いる技術——たとえばウェブならHTMLやCSS——を知ってい
ることが前提です。部署によってはクリエイティブな要素よりも、
調整をはじめとする単純作業が多いこともあります。さまざま
な作業を効率良くできる人に向いています。

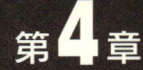

第**4**章

インフラ

システムを動かすには、サーバやネットワークなどのインフラが必要です。インフラエンジニアは、インフラを準備したり、構築したりします。インフラは壊れることもあるので、その対応も担当します。

サーバとネットワーク

設計
開発
インフラ
テスト
運用・保守
進行・企画・営業・経営

　システムを動かすには、サーバやネットワークが必要です。これらを担当するのが**インフラエンジニア**です。

　インフラエンジニアは、サーバを扱う**サーバエンジニア**とネットワークを扱う**ネットワークエンジニア**とに、大きく分かれます。これらのエンジニアは、基本設計に基づいてネットワークやサーバを構成し、初期設定をします。

　サーバエンジニアとネットワークエンジニアという2つの職種は、インフラという括りでは似ていますが、必要な知識が少し異なります。もちろん、兼任も可能ですが、その場合、両方の知識が必要です。

Memo

サーバエンジニアは、サーバ上で動いているOSやソフトウェアの知識が必要なのに対し、ネットワークエンジニアは通信の方式やネットワーク機器などのハードウェアの知識が必要な傾向が強いです。

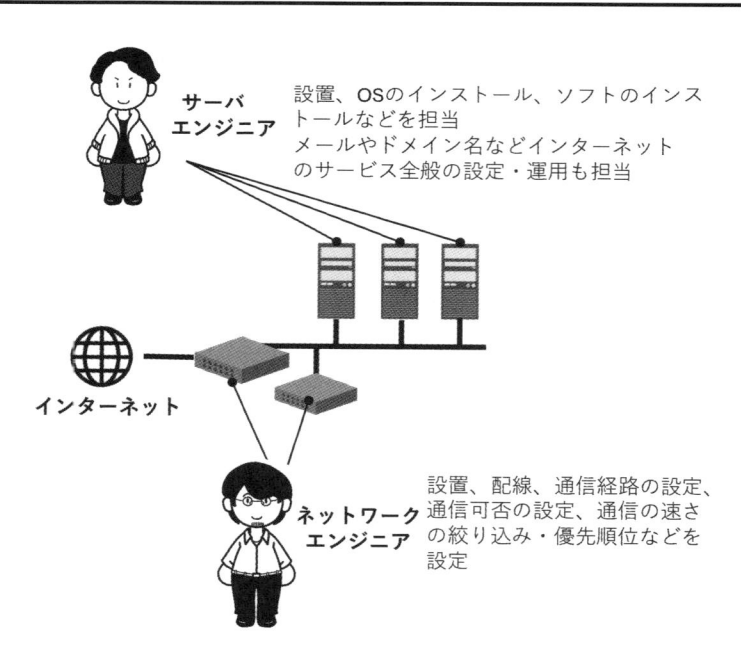

サーバエンジニア　設置、OSのインストール、ソフトのインストールなどを担当
メールやドメイン名などインターネットのサービス全般の設定・運用も担当

インターネット

ネットワークエンジニア　設置、配線、通信経路の設定、通信可否の設定、通信の速さの絞り込み・優先順位などを設定

図4-1　サーバエンジニアとネットワークエンジニア

データセンター

　サーバやネットワークは、物理的な装置です。どこかの部屋に配置し、インターネットの回線を引き込んで、そこに接続します。

　安全性を考えると、こうした部屋は、アパートの一室だと、都合が悪いです。誰か侵入する危険があり、セキュリティを担保できません。また部屋のブレーカーが落ちることもあるでしょうし、夏場は暑くなりすぎて、機器が故障するかも知れません。

　こうした理由から、サーバやネットワークは、それ相応に考えられた適切な部屋に配置します。その代表が、**データセンター**と呼ばれる施設です。

　データセンターは、サーバを配置するために設計された建物です。地震などの災害時も電力を供給できる**無停電装置**があり、空調が効いていて、塵やホコリが少なく、夏場も暑くなりません。そして、インターネットに接続するための大容量の回線も、引き込まれています。

　入口には、ICカードなどで本人確認する仕組みがあり、怪しい人が侵入することも許しません。ゲートを通った後は持ち物検査があり、持ち物は透明な袋に入れて移動しなければならないなど、データが持ち出されないような運用がされています。

Memo

> セキュリティの理由から、データセンターの場所そのものが非公開であることも多いです。

設計

開発

インフラ

テスト

運用保守

進行・企画・営業・経営

ラックにサーバなどの機器を配置する

　データセンターには、サーバやネットワーク機器を配置するための**ラック**（このラックには鍵をかけることができます）がたくさんあります。

　このうちの何台かを借りて、自分のサーバやネットワークを配置して、ネジ止めします。データセンターに入室して、物理的に配置したり配線したりするのも、サーバエンジニアやネットワークエンジニアの仕事です。

　サーバエンジニアやネットワークエンジニアは、四六時中、データセンターで働くわけではありません。最初の設定が済んで、インターネットなど外部からアクセスできるところまで完了すれば、あとは、自席のパソコンからリモートでアクセスして操作できます。

Memo

> 案件によってはセキュリティ上、リモートからのアクセスを禁止することもあります。その場合は、都度、データセンターに赴きます（ただし簡単な作業は、保守契約を結んでおけば、データセンターの人に代理で操作してもらうこともできる）。また、故障の際などリモートからアクセスできないときも、データセンターに赴いて作業します。

図4-2　データセンターに置かれたラック

オンプレミスとクラウド

　サーバやネットワーク機器は、自ら購入もしくはリースし、データセンターに配置して運用するのが基本です。こうした自社設備で運営する方法を、**オンプレミス(On-Premises)**と言います。

　オンプレミスは自社設備なので、初期コストがかかります。サーバもネットワーク機器も、少なくとも百万円単位の代物で、高いものだと、数百万円します。故障に備えて予備機を用意しなければならないことも多いため、それもコストを上げる要因です。

レンタルサーバ

　オンプレミスはコストがかかり過ぎるという場合、レンタルで運用することもあります。

　レンタルで運用する場合、もっともシンプルなのは、「すでに構築されているサーバを1台借りる」という方法です。これを**レンタルサーバ**と言います。

　しかし1台だけを借りるやり方は、最近のITシステムの運用のインフラとしては向きません。24時間365日、停止しないような運用をするには、複数台借りて、そのうちの1台が故障しても、残りのサーバで運用し続けるようにするなどの配慮が必要だからです。

クラウド

　レンタルする場合の第2の方法が、**クラウド**(正式には「**クラウドコンピューティング**」)です。クラウドは仮想化技術を使って、使いたいときに、使いたいだけのサーバを借りて、それらを接続するネットワークも構成できる仕組みです。具体的なサービスとして、Amazonが提供するAWS、マイクロソフトが提供するAzure、Googleが提供するGoogle Cloudがあります。

Memo

仮想化技術(virtualization technology)とは、ソフトウェアによって物理的なCPU、メモリ、ストレージ(ディスク)、ネットワークなどを統合・分割して、再割り当てする技術です。1台のサーバやディスクを複数台のサーバに分割して、異なる顧客でシェアしたり、複数台のサーバやディスクを統合して、1台の高性能なサーバとして使ったりできます。ソフトウェアで構成されているので、こうした統合・分割操作は、コマンドを入力したり、ボタン操作したりするだけで簡単に実行できます。

設計
開発
インフラ
テスト
運用・保守
進行・企画・営業・経営

設計

開発

インフラ

テスト

運用・保守

進行・企画・営業・経営

　これらは、どれも、マネジメントコンソールと呼ばれる管理用のウェブ画面でアクセスし、ボタンで操作するだけで、必要な台数のサーバを作り、それらを設定できます。つまり、いままでデータセンターに入室して作業していた、サーバの設置やネットワークの配線などが、自席でブラウザ操作するだけでできるようになるのです。

　言い換えると、クラウドはあなただけのインフラを作る箱庭を提供するサービスです。

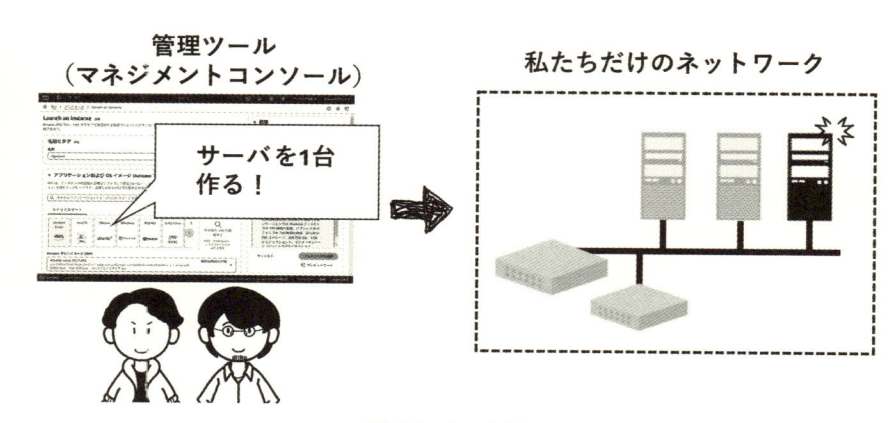

図4-3　クラウド

　クラウドの料金は、使っただけ支払う従量制のため、オンプレミスのように最初から数百万円もの初期投資をしなくて済みます。

　使わなくなったら契約を止めてしまうこともできますし、逆に、最初は1台だったけれども、あとから2台、3台と、台数を増やすのも簡単です。また、サーバ自体の性能アップやディスクの増設も可能です。

　「必要なときにすぐに使える」「必要なくなったら止められる」「いつでも性能向上できる」などの手軽さから、近年は、インフラを構築するのに、クラウドが使われることが、とても多くなりました。

Column クラウドネイティブ

　クラウドを使う場合、サーバエンジニアやネットワークエンジニアの仕事は、データセンターに入室するのではなく、マネジメントコンソール（またはその他の管理ツール）から操作するやり方に変わりますが、仕事の内容自体が、大きく変わることはありません。

　しかし、考え方は大きく違います。オンプレミスは、初期コストがかかり機器の準備にも時間がかかるのに対して、クラウドは、初期コストがかからずにすぐできると、真反対の性質をもつものだからです。

　たとえばオンプレミスの場合、機器の準備に時間がかかるので、余裕をもった性能、余裕をもった台数で構築します。対してクラウドは、そのようなことはないので、最低限とは言わずとも、少しだけの余裕で構築してコストを抑えます。

　またクラウドでは、サーバやネットワークを作るのは簡単なので、できるだけ間違いがなくシンプルな操作をするため、オンプレミス経験があるエンジニアから見ると、贅沢な使い方をする場面もあります。

　たとえば、本番サーバのOSをバージョンアップする場合、オンプレミスなら、入念な手順書を作って、別の仮サーバでその手順を適用し、問題ないかを確認した上で、メンテナンス時間中に本番サーバを停止して更新します。対してクラウドの場合は、いま稼働中のサーバとは別に、新しいサーバを構築。そこに新バージョンのOSをインストールし、プログラムをコピーして動作確認、問題なければ古いサーバから切り替えて、古いサーバを破棄する、というように、一時的に新旧のふたつを作って、ごそっと差し替えてしまう手法がとられることは珍しくありません。

　こうしたクラウドならではの性質を利用した設計・運用のことを**クラウドネイティブ**と言います。クラウドを使うのであれば、オンプレミスの常識を捨てて、クラウドネイティブな運用を心がけなければなりません。

設計

開発

インフラ

テスト

運用保守

進行・企画・営業・経営

設
計

開
発

イ
ン
フ
ラ

テ
ス
ト

運
用
・
保
守

進
行
・
企
画
・
営
業
・
経
営

保守・運用チームとの連携

　サーバやネットワークは、正しく動いているかを日々、監視する必要も
あります。監視業務は、保守・運用のチーム（➡第6章）が担当してくれま
すが、それには、システムの構成や保守・運用のやり方を決めた資料が必
要です。こうした資料は、サーバエンジニアやネットワークエンジニアが
担当します。

　ときには、保守・運用のチームと連携して、監視やバックアップなどを
自動化するための仕掛けも作ります。

機器のリプレース

　サーバやネットワーク機器は、寿命があります。古いものは保証対象外
となり、バージョンアップや保守サービスを受けられなくなります。そし
てもちろん、物理的なものなので、長い間、使っていれば、経年劣化で壊
れる可能性も高くなります。

　こうした理由から、サーバやネットワーク機器は3～7年ぐらいの間隔で、
新しい機器に交換するリプレース作業が計画されます。

Memo
　リース期間が4年や5年なので、その周期で交換することが多いです。

　リプレースするときは、いつ交換するのか、交換中は機器を止めてよい
のかを検討したリプレース計画を立てます。

　リプレース計画では、当日、何時に何をしてという綿密なタイムスケジュー
ルが組まれます。こうした入念な計画を立てるのも、サーバエンジニアや
ネットワークエンジニアの仕事です。

Memo
　リプレースは業務に支障がない深夜や土日に行われることが多いです。

ドキュメント・資料として残す

インフラは停止すると、そこで動いているシステムが停止するということから、責任重大です。些細なミスが大きな問題に繋がりやすいです。

そのため、他のエンジニアに比べて、とくにドキュメント化して資料として残すことが要求されます。

先に述べたリプレース計画もそうですが、現在、どのような状態で設定されているのかがわからなければ、そもそもリプレース計画が立てられません。また保守・運用チームと連携するためにも、きちんとしたドキュメントが必要です。

サーバエンジニアやネットワークエンジニアは、こうしたドキュメントをまとめるのも、重要な仕事のひとつです。

TCP/IP

サーバやネットワークは、決められた方法で通信するのですが、その基本となるのが、インターネットで使われている通信方式であるTCP/IP（Transmission Control Protocol/Internet Protocol）です。

すべての通信は、TCP/IPに基づくため、サーバエンジニアもネットワークエンジニアも、TCP/IPを知らなければ始まりません。

プログラミングの要素は少ない

サーバエンジニアやネットワークエンジニアは、設置や設定などが主の仕事であり、プログラムを作る仕事は、ほとんどありません。

サーバエンジニアの場合、運用の自動化のために、少しのプログラミング知識があると有利です。とはいえ、必要となるのは、ほとんどの場合、100行に満たない短いプログラムです。その程度の、小さなプログラムを作れるだけの技量があれば十分です。

サーバエンジニア

開発したバックエンドのプログラム、メールや通知などのシステムを動かすために必要なのがサーバです。サーバエンジニアは、こうしたサーバを設計したり管理したりする仕事を担当します。必要な設定やソフトのインストールは、バックエンドエンジニアと連携して進めます。

サーバにログインして、さまざまな操作をするため、サーバ OS としてよく使われる Linux や、そのコマンドの知識が必須です。

サーバエンジニアの仕事は、OS のインストールや設定からはじまるわけではありません。その前に、必要な性能を見極めて、サーバの機種を選定、発注するところからが、サーバエンジニアの仕事です。

また、システムの稼働を維持するため、異常がないかを監視するための仕組みの導入、システムのアップデート、故障したときなど不測の事態への迅速な対応も欠かせません。セキュリティの設定や複数台で処理を分散するための負荷分散、バックアップ計画など運用面まで幅広く関与します。

サーバが停止するとシステムに過大な影響があるため、念入りな準備、注意深い操作が求められます。また近年では、サーバ構築にクラウドが使われることも多く、クラウドの知識も求められる傾向にあります。

ジョブ概要

- » 必要な性能を見極めてサーバを選定する
- » OSやソフトウェアをインストールする
- » アップデートやバックアップ計画などの運用を担当する

性能を見極める

サーバを用意する場合、まずは、必要とされる性能を見極めるところから始まります。

基本設計書には、どのような性能が要求されるのか、どの程度、停止してよいのかなどが記述されています。これに基づいて、必要なサーバの性能や台数を決めます。さらに、どのようなネットワークに配置するのかも設計します。

サーバは故障する可能性があります。ですから、近年のシステムでは、同じ構成のサーバを複数台用意して処理を分散し、そのうちの1台（もしくは数台）が故障しても、システム全体が止まらないような工夫をすることがほとんどです。複数台のサーバに処理を分散することを、**負荷分散（ロードバランス）**と言います。

Memo

> 負荷分散は、その名前の通り、故障対策だけでなく負荷を分散するのが主目的です。負荷が増えてきたときはサーバの台数を増やすことで対応します。ただしプログラムが対応していなければ台数だけを増やしても無理です。バックエンドエンジニアが、そうした実装をしているかどうかが、負荷分散できるかの鍵となります。サーバエンジニアだけでは、どうにもできません。

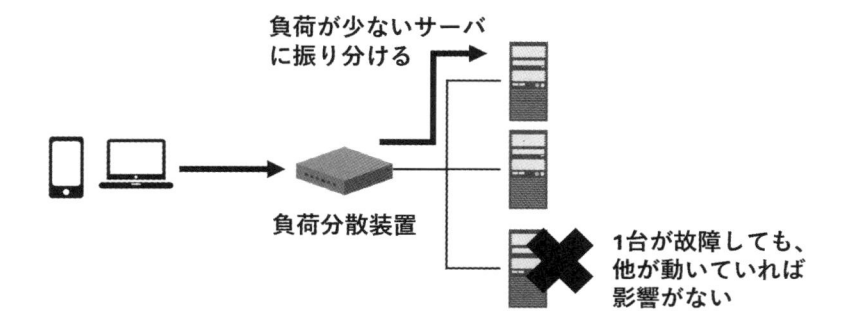

負荷が少ないサーバに振り分ける

負荷分散装置

1台が故障しても、他が動いていれば影響がない

図4-4　負荷分散

設計

開発

インフラ

テスト

運用・保守

進行・企画・営業・経営

設計

開発

インフラ

テスト

運用・保守

進行・企画・営業・経営

サーバの調達

オンプレミスであるなら、サーバを物理的に用意しなければなりません。サーバを扱っている商社に発注します。構成によっては、納品まで数ヶ月かかることもあるので、早めの発注を心がけるようにします。

システムの運用中に扱うデータ量が増えたり、利用ユーザー数が増えたりして、次第に負荷が高まっていくのはふつうなので、半年後、1年後のことを考えて、余裕をもった性能のサーバを選ぶようにします。

クラウドの場合は、ブラウザなどの操作ですぐにサーバを作れるので、調達について検討する必要はありません。また、さほど余裕をもたなくてもよいです。クラウドなら、性能の向上はブラウザ操作でいつでもできるからです。

OSのセットアップと初期設定

オンプレミスであるなら、商社からサーバが納品されたのち、データセンターに入室して配線します。ネットワークの設定も絡むので、ネットワークエンジニアも同行します（もしくはあらかじめ、作業前日までにネットワークの初期設定を済ませておいてもらいます）。

サーバを設置・配線したら、そこにOSをインストールします。どのようなOSを利用するのかは、基本設計の段階で決めておきます。多くの場合、Linuxと呼ばれるサーバ用のOSが使われます。OSをインストールしたあとは、ネットワークを設定して通信できるようにします。

そしてさらに、稼働に必要なソフトウェアをインストールします。たとえば、データベースソフトやメールソフト、ウェブサーバソフトなどがあります。これらを**ミドルウェア**と呼びます。また、ライブラリやフレームワーク（➡第2章）も、必要に応じてインストールします。

何が必要で、どのような設定でインストールすべきかなどはバックエンドエンジニアが知っています。バックエンドエンジニアからインストールするソフトの一覧表をもらうなど連携しながら進めていきます。

準備ができたら、このサーバを使って開発するバックエンドエンジニアのためのIDやパスワードを発行して、担当者に渡します。

クラウドの場合も流れは同じです。ただしクラウドの場合は、OSをインストールする手順はありません。「このOSが入ったサーバを使う」という指定方法で起動するためです。

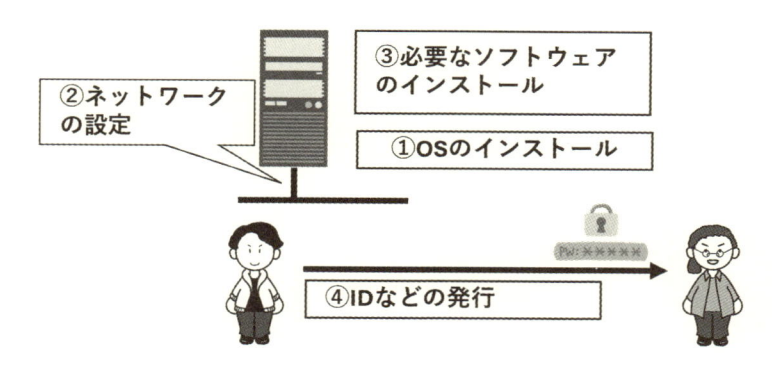

図4-5 サーバの初期セットアップ

Column Linux

Linux（リナックス）は、フィンランドのリーナス・トーバルズ氏が開発したOSです。UNIXと呼ばれる大型コンピュータ用のOSを、自分のパソコンでも使いたいと考え、ヘルシンキ大学の在学中に開発しました。

最初の開発から33年が経ったいまでも精力的に開発が続けられており、サーバ用OSとして、多くのシェアを占めています。

なお、Linuxは、**カーネル（Kernel）**と呼ばれる中心のプログラムと、付随するツールを分離できる構造になっています。こうした理由から、Linuxは、さまざまな企業や団体がカスタマイズして配布しており、それを**ディストリビューション**と言います。ディストリビューションが異なると、利用するコマンドや設定ファイルの名前やファイル名などが違います。

有名なディストリビューションとして、たとえば、Red Hat Enterprise Linux（RHEL）、Ubuntu、Debian、SUSE Linuxなどがあります。

設計

開発

インフラ

テスト

運用・保守

進行・企画・営業・経営

バックエンドエンジニアと連携して進める

バックエンドエンジニアにサーバの情報を渡したあとも、必要に応じて、やりとりしてサーバを調整していきます。

よくあるのはセキュリティの設定です。こことここを通信できるようにして欲しいとか、ここを読み書きできるようにしてほしいなどの依頼があったときは、それに応じて設定します。

基本的に、バックエンドエンジニアにはサーバを設定変更する権限を与えません。そうしないと、故意か否かに関わらず、バックエンドエンジニアが、セキュリティ上、好ましくない操作や設定をしてしまっても、サーバエンジニアはそれに気づけないからです。

このようにサーバ全体に影響する変更は、サーバエンジニアが一元管理し、他のエンジニアは、変更依頼をするというやり方で進めます。

ドメイン名やメールアドレスなどの構成

開発サーバ以外にも、サーバエンジニアは、サーバに関する、さまざまな設定・運用を担当します。

たとえば、http://example.jp/ などのドメイン名でサーバに接続できるようにする設定や、暗号化通信のための設定、それから、username@example.jp などのメールアドレスでメールをやりとりできる仕組みなども担当します。

Memo

ドメイン名やメールアドレスには、DNSサーバと呼ばれるサーバが関与します。メールの送受信には、SMTPサーバと呼ばれるサーバが関与します。暗号化通信は主にウェブで使うもので、暗号化で使う証明書の設定や申請、インストールの作業が必要になります。これらはすべて、サーバエンジニアが担当します（ただし、DNSサーバやSMTPサーバは自社で構築せず外部のサービスを利用することもあります）。

管理や監視を設定する

　サーバエンジニアは、サーバに対して、不正なアクセスがないか、負荷がかかりすぎていないか、何らかの要因で停止していないかなど、管理や監視する仕組みを入れます。

　こうした管理や監視の仕組みを設定すると、稼働状況がグラフなどで可視化されるようになります。

　また、あらかじめ設定した異常値を超えたときには、保守・運用の担当者（➡第6章）にメールやショートメッセージなどで通知するように構成しておき、すぐに異常を発見できるようにもします。

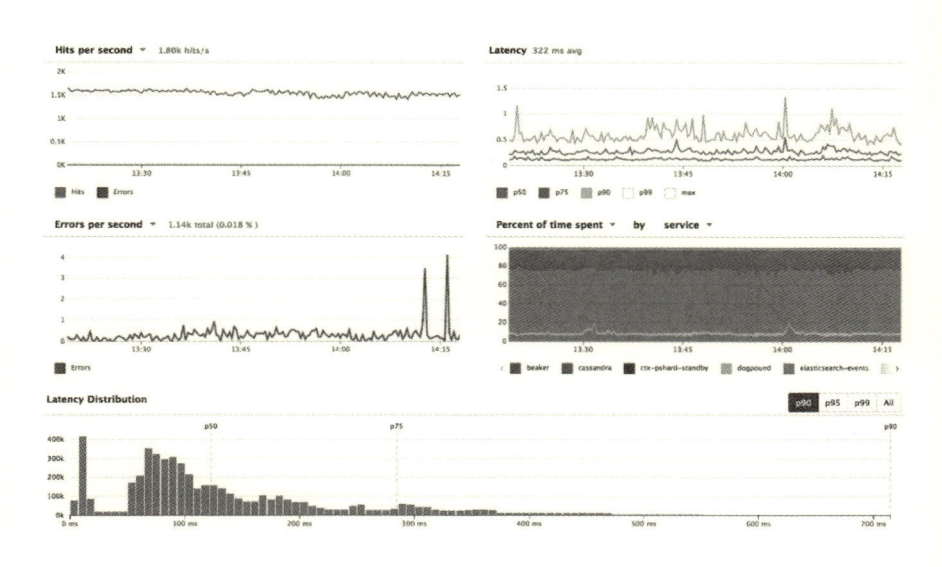

図4-6　監視画面で管理できるようにする（DataDogより）

設計

開発

インフラ

テスト

運用保守

進行・企画・営業・経営

バックアップの計画

サーバには、ユーザーが作ったデータなど、重要なものが保存されることが多いです。事故や故障によって、これらが失われないよう、バックアップする仕組みを作っておくことは重要です。

バックアップは作成しておいたつもりであると思っても、実は、エラーで作成されていなかったということもありえるので、定期的に、バックアップから復元できるかの確認作業も怠らないようにします。

アップデートと保守

サーバは構築したら終わりではなく、保守することも重要です。

OSやソフトウェアのアップデートがあったときは、それを適切なタイミングで適用します。とくにセキュリティ対策のためのアップデートは、迅速に適用しなければ、誰かが隙を見て入り込むかも知れません。

定例の保守項目はドキュメントを作っておけば、保守・運用チームに任せられますが、適用するとシステムに影響を与えそうなものは、サーバエンジニアとバックエンドエンジニアが連携して対応します。

またサーバは物理的なものなので、ディスクが故障することもあります。故障したときには、速やかに交換します。たいていのサーバは、ディスクが故障してもしばらくは稼働できるよう、複数台のディスクで構成するので、故障したディスクを入れ替えるだけで完了します。しかしときには、本当に壊れてしまって、交換したあと、バックアップからデータを戻さなければならないような事故もあります。

さまざまなコマンドで操作する

サーバエンジニアは、サーバにログインして、さまざまな操作や設定をします。

サーバの操作は、ほとんどの場合、マウス操作ではなく、キーボードからのコマンド入力での操作です。

仕事中、何か参考書を見たり、インターネットで検索したりしながら操

作してもかまわないため、コマンドを丸暗記する必要はありませんが、いちいち調べていたら仕事が捗らないので、代表的なコマンドでの操作方法は、ひととおり習得しておくべきです。

Memo

> データセンター内では、セキュリティ上の理由で、インターネットに接続できないことが多いです。そのような場所では、実行予定のコマンドをあらかじめ印刷したものや書籍などを持ち込んで、それらを見ながら作業します。

慎重な操作が必要

サーバは操作するコマンドを間違えるなど、些細なミスで一時的に使えなくなりますし、最悪、データが破損してしまう危険もあります。

そのためコマンド操作する際には、入念な事前確認が必要です。とくに本番機でコマンドを入力する際には、前もって、開発機で動作確認をして、問題がないかを確認したうえで、操作します。一度も確認していないコマンドを本番機で入力するのは、御法度です。

こんな人が向いている

サーバエンジニアは、サーバを設定・管理する仕事です。OSやソフトのインストールや各種設定をしていくので、そうした環境作りが好きな人に向きます。うまく自動化すると作業率を高められることが目に見えて分かる職種でもあるので、効率の良い仕事のやり方・自動化が好きな人にも向いています。間違った操作をすると、最悪、データがなくなってしまう恐れもあるため、念には念を入れるような性格の、慎重な人が望ましいです。

設計
開発
インフラ
テスト
運用・保守
進行・企画・営業・経営

ネットワークを設計・構築するエンジニア

ネットワークエンジニア

ネットワークエンジニアは、ネットワーク全般に携わる仕事です。

ITシステムのサーバ回りのネットワークを担当する場合と、企業内のオフィスのネットワークを担当する場合があり、必要なスキルが若干異なります。サーバ回りのネットワークではサーバしか接続しないのに対し、オフィスの場合は、従業員が使う何百台ものパソコンがネットワークに接続されるからです。近年では、リモートワークのため、自宅から接続できる仕組みも作らなければなりません。

ネットワークエンジニアは、経験と理論に基づき、十分な帯域（通信容量）を備えるネットワークを提供できるように務めます。セキュリティ対策をするのも、仕事のひとつです。ネットワークを経由して攻撃されることを防ぐため、流れるデータを見て通信の可否を決めるファイアウォールを、適所に構成します。

ネットワーク技術は進化が緩やかで、何かが急に変わることはありません。通信相手がいるので、片側だけが急に変わることはできないからです。しかし古い技術にはセキュリティの懸念があることが多く、新しい技術のキャッチアップも求められます。

正しく通信するには、ネットワークの分厚い仕様書を読まなければならないこともあります。また英語ドキュメントを辿らなければならないこともあるため、ある程度の英語力があることが求められます。

ジョブ概要

- » 要求される帯域で通信できるネットワークを構成する
- » ネットワーク機器をセットアップし、設定する
- » 回線の敷設や無線LANアクセスポイントを構成する
- » ネットワーク構成図を作る

ネットワークを設計する

　ネットワークを担当するのが、ネットワークエンジニアです。扱うのはインフラの領域なので、ネットワークを扱うというだけで、基本的な仕事の流れは、サーバエンジニアと同じです。

　ネットワークエンジニアは、基本設計書に基づいて、ネットワークを設計します。基本設計書には、何人ぐらいのユーザーが、どの程度の頻度で利用するのかという想定が書かれています。そして1ユーザー当たり、およそどのぐらいのデータを1秒間にやりとりするのかは、バックエンドエンジニアなどに聞けばわかります。

　そこでそうしたところをヒアリング、もしくは過去の運用における実測値などからおよその値を定めて、ネットワークに必要な帯域（通信容量）を計算し、その性能を満たすネットワークを設計します。

　ネットワークもサーバと同じく、物理的な故障がありえますから、重要な部分については2回線設けて、どちらかが切れたときの対策をすることもあります。

Memo

　設備を複数設けて、一部の故障による影響を避ける構成を冗長化と言います。

　ネットワークでは、セキュリティと経路が重要視されます。とくにインターネットと接続されているところは、不正な侵入がある可能性があるので、それを排除するファイアウォールと呼ばれる仕組みを構成します。

Memo

　ファイアウォール（firewall）とは防火壁のことです。通信の中身を確認し、通過してよいかの可否を決める装置です。

　1つのネットワークにたくさんの機器を接続しすぎると遅くなったり負荷が高くなったりすること、また、ファイアウォールはネットワーク同士の接続点に配置することから、適切なサイズにネットワークを分割するのが、腕の見せ所のひとつです。

社内LANの構築

　ところでネットワークエンジニアの仕事は、データセンターのなかだけではありません。オフィスで従業員が使うネットワークを構築するのも、ネットワークエンジニアの仕事です。オフィスで使うネットワークのことを**社内LAN**と言います。

　データセンターのなかのネットワークと社内LANとは、少し性質が違います。そのため、求められる知識も若干異なります。

Memo

公衆無線LAN（Wi-Fi）の構築は、社内LAN構築の仲間です。

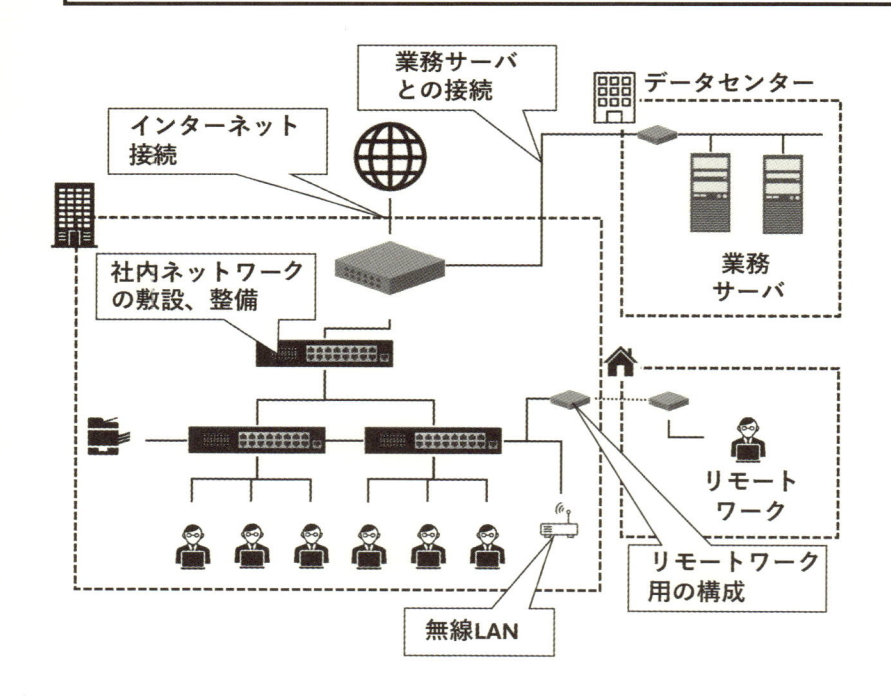

図4-7　社内LANの構築

たくさんのPCを安全につなぐ

　データセンター内と社内LANとの大きな違いは、接続数です。社内LANには、従業員の数だけのパソコンがあります。業務用の端末なども含めれば、1フロアに数百台以上、接続されることも珍しくありません。

　十分な帯域(通信容量)がなければ、皆が同時に利用したときに、速度が遅くなったり、つながらなくなったりする恐れがあります。

　こうした問題を避けるため、ネットワークを分割したり、QoSという機能を使って、あらかじめ必要な帯域を確保したりします。ネットワークを分割する場合、物理的な配線で分けると、配線替えが大変なので、**VLAN (Virtual Local Area Network)** という仕組みを使って、仮想的に分割することもあります。これらは理論だけでなく経験に基づく部分も大きいため、実務で技術を習得していくことになるでしょう。

フロア配線や無線アクセスポイントも担当する

　社内LANでは、フロアに配線を引いたり、無線アクセスポイントを設置したりします。これらもネットワークエンジニアの仕事です。

　床を剥がしてネットワークケーブルを配線するような工事は専門業者に任せることが多いですが、どの経路で引くかなどの指示を出すのは、ネットワークエンジニアです。

　無線アクセスポイントも、1台に多数のユーザーが接続すると十分な速度が出ないため複数台で構成するのはもちろんですが、そうすると電波が干渉するので周波数をズラすなど、これもまた経験がものを言う世界です。

リモートワーク環境を用意する

　最近は、自宅などから仕事するリモートワークができる会社が増えてきました。こうした環境を設定するのも、仕事のひとつです。リモートワークを実現するには、暗号化通信に対応した専用機器を導入します。

　リモートワークはネットワークだけでなくユーザー認証が必要です。そのためサーバエンジニアやユーザー認証基盤を導入している業者などと連携して設定していきます。

設計

開発

インフラ

テスト

運用・保守

進行・企画・営業・経営

> **Column　セキュリティエンジニア**
>
> 　本書では触れませんが、インフラエンジニアの領域に、セキュリティエンジニアも居ます。
> 　セキュリティエンジニアはセキュリティの専門家で、セキュリティ計画を立てたり、システムの構築や運用においてセキュリティに問題がないかアドバイスしたりします。
> 　サーバやネットワークはもちろん、パスワードの盗み見やメールのリンクを踏ませての攻撃など、技術以外の心理的な分野も含んだ、総合的な知見のある人です。
> 　セキュリティエンジニアが居ない場合、サーバエンジニアやネットワークエンジニアのうち、セキュリティに詳しい人が、それとなくセキュリティの分野を担当します。

監視

　サーバと同様に、ネットワークも監視や保守が必要です。

　ネットワークを流れるデータ量のことを**トラフィック**と言いますが、これをグラフで可視化して、高い負荷がかかっていないかを確認します。

　また何度もアクセスに失敗しているような状況が記録された場合は、運用保守の担当者に通知を送ったり、一定時間、そこからの接続を自動で拒否したりすることで安全性を高める設定もします。

ネットワークの構成図

　ネットワークは、どこがどのように接続されているのかがわからないと、「通信できない」とか「侵入経路がある」とか「間違って、他と重複する設定をしてしまった」などの事故が起きます。

　そこでネットワークを構成したら、全体の見通しが分かる**ネットワーク構成図**を作るのが一般的です。ネットワーク構成図は、専用ツールで作ることもありますが、Power Point などで作ることもあります。

> **Memo**
>
> ネットワーク図は draw.io や Visio、Cacoo などのツールが使われることが多いです。また PlantUML や netdiag などのツールを使うと、テキストからネットワーク図を自動生成することもできます。

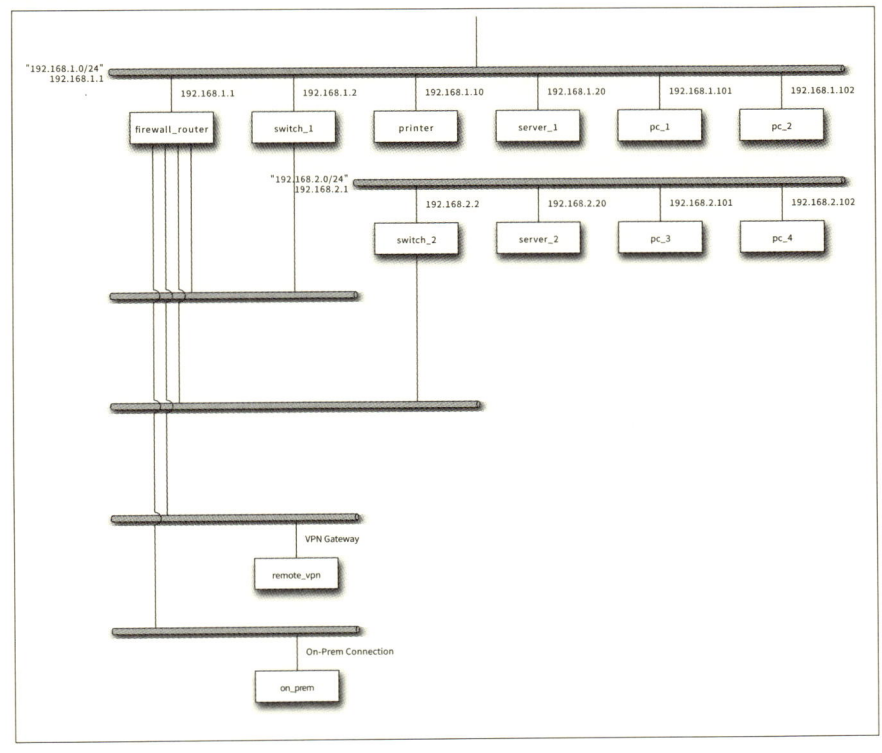

図4-8　ネットワーク構成図の例

ネットワークエンジニアは、ネットワークを設計・配置・設定する仕事です。設計の一部は経験則でありながらも、確率論などの理論的な計算に基づきます。ですからきちんと学習すれば、それが確実に身につきます。通信はすべて規約として定められているので、少し厚めのドキュメントの資料を読む場面も多いです。英語の資料も多いため、書けなくても少しは読める程度の英語力があることが望ましいです。ネットワークの仕様は、大きく変わることは少ないので、習得した知識は末永く使えるでしょう。

Column　**IaC**

　クラウドではネットワーク機器も仮想化されます。つまり、画面上で操作するだけで、仮想的なネットワーク機器を作り出すことができ、つなげたいもの同士を接続できます。

　サーバやネットワーク機器は、マネジメントコンソールから操作して、ひとつひとつ手作業で作ることもできますが、その方法は大変ですし、操作ミスする恐れもあります。

　そこでクラウドでは、設定ファイルに、どんなサーバ、どんなネットワークをどんな設定で作るのかを書いておき、それを実行すると、まとめて一式が作られる仕組みが用意されています。これを、IaC（Infrastructure As a Code）と言います。

　IaCの仕組みを使うと、まとめてインフラを作り、まとめて削除できます。またIaCの設定ファイルには、設定情報が書かれているため、それ自体が設定ドキュメントとしての役割も果たします。

> ※IaCは仕組みの名称です。具体的なソフトウェア（サービス）としては、TerraForm（汎用）やCloudFormation（AWS）があります。

第5章

テスト

システムを作ったら、納品前に、正しく
動作するかを確認します。品質管理を担
当する QA エンジニアの指揮の下、定め
られた確認表に基づいて、テスターが動
作確認を進めます。

テストの順序

　システムを納品(もしくは稼働)する前には、正しく動作するかの確認が必要です。

　テストに関わるのは、**QAエンジニア**と**テスター**です。

　ウォーターフォール型の開発であるなら、要件定義書、基本設計書、詳細設計書があります。これらを基に、どのようなテストをするのかをQAエンジニアが検討し、テスト項目の一覧を作ります。これを**テストケース**と言います。

　テスターはテストケースに基づいて実際に操作し、規定通りの動作であるかを確認・報告します。

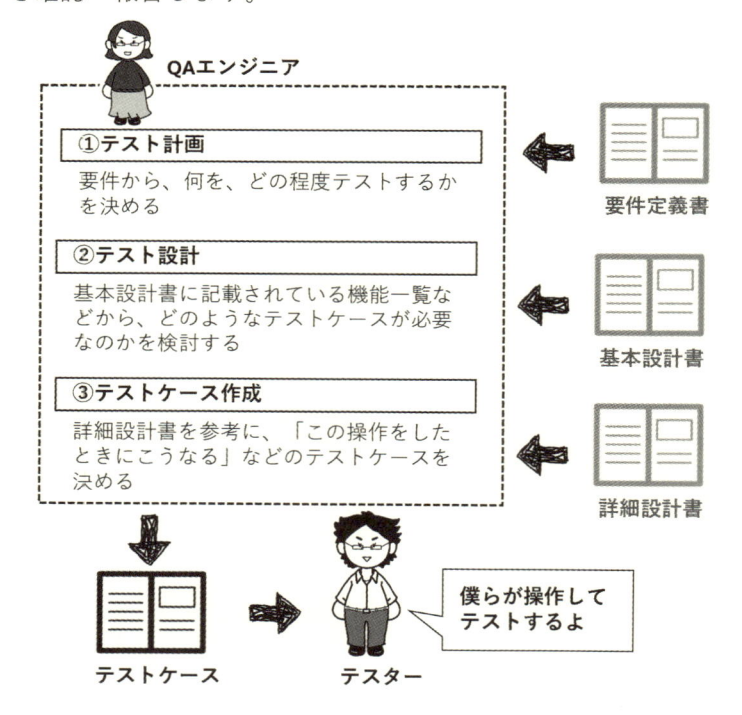

図5-1　テストの全体像

設計

開発

インフラ

テスト

運用・保守

進行・企画・営業・経営

正しい動作とは何かを定義する

テストの目的は、正しく動作するかを確認することです。改めて、正しい動作とは何かを考えると、設計通りかいうことです。つまり、テストケースは、作られている設計書に基づいて検討します。

アジャイル開発などで正しい動作が不明な場合やウォーターフォール型の開発でも詳細設計書に細かい挙動まで書いていないときは、テストの時点で、正しい挙動は何かを定義します。

正しい挙動は何かを定義せずに、テストすることはできません。テストでは、テストケースに記述された動きをすることが「正」と考えます。このテストケースを考えるのが、QAエンジニアです。

ときおり、忙しいプロジェクトだと、手の空いている人に「ひととおりテストしておいて」と雑に投げることがありますが、これはテストではなく、ただのざっとの確認です。

テストの自動化

テストを実際にするのは、テスターです。

テスターはテストケース通りにテストし、正しく動作するかを確認し、報告します。

プロジェクトにもよりますが、テストケースの項目は数が多いため、効率的に素早く確認することが求められます。テストケース通りに動かないときは修正されたのちに再テストするため、同じテストを繰り返し実行することも多いです。また、その結果を画面キャプチャなどで証跡として残して報告しなければならないこともあります。

手作業で、これらを実行するのはたいへんなので、効率良くテストするツールを使うことも多いです。またテストの操作を自動化し、ボタンひとつで一連の操作が完了するようにすることもあります。

品質に関する責任者

QAエンジニア

QAエンジニアは、システムの品質を担保する責任者です。

主な業務はシステムのテストです。要件定義書や基本設計書、詳細設計書には、システムのあるべき姿が書かれています。これを読み解き、この通りに動くかどうかを確認するテストケースを作ります。

テストケースに漏れがあると不具合が残る可能性があるため、想定される状況をくまなく記載することが重要です。そのためテスターには、操作の組み合わせを考えられる論理的な力だけでなく、ユーザーの操作を想定する想像力も必要です。またシステムには意図的な攻撃をされることもあることから、システムの構造理解、そして、セキュリティの知識も必要です。

テストケースを実際に実行するのはテスターです。QAエンジニアは、テスターから上がってきたテスト結果の報告をまとめたり、必要に応じて、各種エンジニアに修正指示を出したりします。また納品物として、テストしたことを発注者に示すテスト報告書が求められることがあります。こうした資料を作るのも仕事のひとつです。

近年は、専用ツールを使って、テストケースの実行を自動化することが増えています。そうしたツールを使っているプロジェクトでは、使用するツールに読み込ませるためのスクリプト（小さなプログラム）を作る業務も担当します。

ジョブ概要

- » テストケースを作る
- » テストの報告をとりまとめる
- » テストの自動化の仕組みを作る

テストケースを作る

　テストを実施するには、「どういう操作をしたときに、どうなるか」というテストケースを決める必要があります。

　テストケースは、手順に書かれた操作をしたとき、「OK」か「NG」かの一覧表です。それを見ながらテスターが操作して確認します。

テスト計画とテスト設計

　テストでは、概要を決めてから、具体的な手順を決めていきます。

　まず決めるのは、**テスト計画**です。テスト計画では、テストの目的やテストの範囲、テストの種類、スケジュールや規模などを決めます。これは、「こういうテストをしますよ」というドキュメントを作って、発注者の同意を得る工程だとも言えます。

　テストする項目は、テストケースとして定めるのですが、その前に、大まかに、どんなテストが必要なのかを**テスト設計**します。

　テスト設計は、基本設計の機能一覧に基づいて検討します。たとえば、ログイン機能があるならログインのテストをするのは明確ですし、商品一覧の機能があるなら商品一覧ページのテストをするのは明確です。

詳細な手順にまで落とし込む

　こうした項目にテスト設計に基づいて、具体的な**テストケース**を作ります。テストケースは、誰が実行しても同じようになるレベルで作ります。

　たとえば、「ログインできること」は、次のように具体的な手順とします。

> ①ユーザー名に「○○」を入力する
> ②パスワードに「△△」を入力する
> ③[ログイン]ボタンをクリックする
> ④ログイン先の画面XXXに遷移する

設計

開発

インフラ

テスト

運用・保守

進行・企画・営業・経営

設計

開発

インフラ

テスト

運用・保守

進行・企画・営業・経営

異常系もテストする

　テストでは、エラーなど正しくない状況も確認します。たとえば、間違ったパスワードでは「ログインできないこと」の確認が必要です。

①ユーザー名に「○○」を入力する
②パスワードに「××」を入力する
③[ログイン]ボタンをクリックする
④「ユーザー名またはパスワードが違います」というエラーが表示される

　正しい状況で処理が流れることを**正常系**、上記の例のようにエラーメッセージが表示されるなど正しくない状況で処理が流れることを**異常系**と言います。

テストの自動化

　このログインの例から想像できるかも知れませんが、たかだかログインのテストだけでも、テストケースは多岐に渡ります。たとえば、次のようなケースが考えられるからです。

①ユーザー名、パスワードが正しいとき
②ユーザー名が間違っているとき
③パスワードが間違っているとき
④両方が間違っているとき

　その他、セキュリティの攻撃なども考えると、「長い文字が入力されたとき」や「記号など怪しげな文字が入力された場合」なども含めるのが望ましいです。怪しそうな入力を想像してテストケースを考えるのは、QAエンジニアの腕の見せ所です。

　こうした組み合わせを考えると、ひとつのテスト項目でも、テストケースが膨大になることが多いです。ですから、手作業で実行するのは大変です。そこで実務では、何らかのテストツールを使うことが多いです。

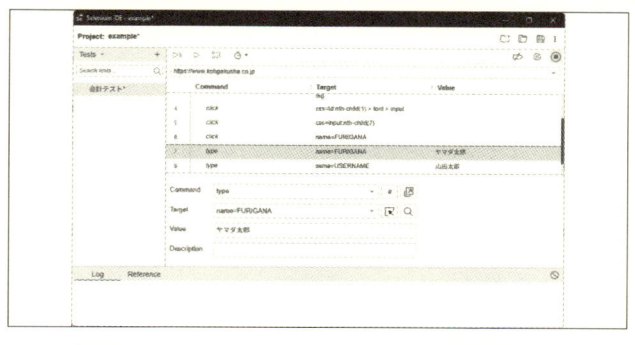

図5-2　自動化の例。入力してボタンをクリックなどの操作を自動化できる

負荷テスト

　複数のユーザーが同時にアクセスすると、遅くなったり正しくない挙動を示したりすることがあります。それを確認するのが**負荷テスト**です。

　負荷テストは、その名の通り、同時に複数人がアクセスするなどの状況をわざと作って、その耐久性を確認します。人間の操作で過負荷をかけるのは難しいため、自動テストと組み合わせることがほとんどです。

　負荷テストを実行することで、非機能要件の「〇人が同時アクセスする」などを満たしているかを確認できます。サーバーやネットワークに、どのぐらいの負荷がかかっているのかを計測するため、サーバーエンジニアやネットワークエンジニアが同席して実施します。

こんな人が向いている

QAエンジニアは、品質を担保する責任者です。主な仕事はシステムのテストです。要件や設計書を読み、必要なテスト項目は何かを整理できる力が求められます。資料をまとめることが好きな人に向いているでしょう。
適切なテストケースを作るには、システムの構造やセキュリティへの理解が不可欠です。プログラミング経験があるのが理想ですが、ない場合でも、プログラムが、どのような条件分岐で動いているのかなど、最低限、その仕組みを知らなければなりません。

設計

開発

インフラ

テスト

運用・保守

進行・企画・営業・経営

操作して不具合を見つける

テスター

テスターは、テストケースに書かれたテストを実施する人です。

数あるテストをくまなく操作し、その通りの挙動かを確認し、報告します。短時間で、正確なテストを実施することが求められます。

不具合があれば、もちろん報告しますが、このときエンジニアが直すために、その不具合を再現できなければなりません。再現手順を示すのも、テスターの役目です。テスターを経験することでシステムの全体像がつかめるので、プロジェクトにはじめて所属する人は、まずテスターからはじめてもらうことも多いです。IT 企業で新人が配属されるときも、テストのお手伝いという形でプロジェクトに入ることがあります。

このように、テスターは IT 業界への登竜門でもありますが、逆に経験豊かなテスターは、QA エンジニアの指示でテストケースを作るなど、専門職として、さまざまなプロジェクトを渡り歩くこともあります。

また、ゲームなど、ユーザーがどのような操作をするか想定しにくいプロジェクトでは、QA エンジニアが想定する決められたテストだけでは不具合を見つけきれないこともあります。そのようなときは、ランダムな操作をすることで不具合を見つけるモンキーテストを実施します。モンキーテストでは、とくに、不具合を出しそうな操作を知っている経験豊富なテスターの知見が重要です。

ジョブ概要

- » テストケースに基づきテストを実行する
- » テストケースの作成を代行する
- » ランダムな操作で可能な限り不具合を炙り出す

テストの報告

　テスターの仕事はテストケースに基づきテストして、報告することです。テスト項目は膨大なので、ToDoリストのように不具合を管理できるツールが使われることがほとんどです。

　テスターは、こうしたツールに登録されているテストケースを拾って、次々とテストしていきます。

　報告した不具合は、開発するエンジニアが確認して修正します。修正が完了すると、またテスターの手元に戻ってくるので再テストします。
　これを繰り返して、テストを進めて（＝不具合を潰して）いきます。

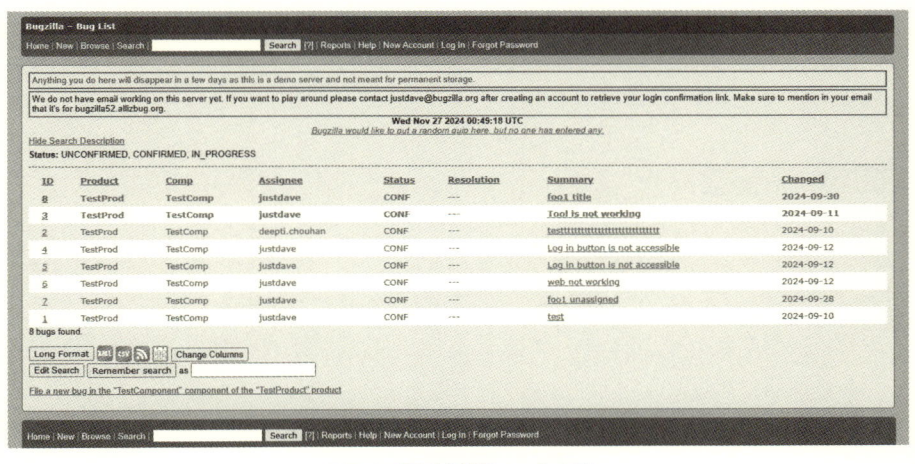

図5-3　不具合管理ツールの例

再現性の担保と証跡

　不具合があったら、それをエンジニアが確認して修正するわけですが、このとき、エンジニアがそれと同じ状況を作り出せなければ、動作の確認ができません。

　ですから報告は、「動きませんでした」ではなく、「こういう手順で、このように操作した結果、こうなった」というように、具体的に再現可能な手順として記さなければなりません。画面キャプチャ、もしくは、動画で操作する様子をキャプチャして報告に添付することもあります。

設計
開発
インフラ
テスト
運用・保守
進行・企画・営業・経営

　画面キャプチャは、発注者に納品物として提出する**テスト報告書**に添付して、「しっかりとテストしました」という**証跡**として使うこともあります。

さまざまな環境でテストする

　テストは、さまざまな環境で行なう必要があります。
　ウェブであれば、主要なブラウザで確認します。

　スマホであれば、Android や iPhone ですが、それぞれ別のバージョンを用意しなければならないこともあります。実機をすべて用意するのは大変なので、エミュレータを用意してテストすることも多いです。

Memo

　対象の環境はテスト計画で決めます。現実的に全機種でのテストはできないので、画面サイズや性能などで、挙動が違いそうなものを選びます。

モンキーテスト

　ゲームなど、ユーザーが自由に操作することが想定されるシステムでは、すべてのテストケースを網羅できません。そうしたプロジェクトでは、テスターが自由に操作する（つまりゲームであれば、実際にプレイする）ことで、不具合を炙り出します。こうしたランダムな操作のテストをモンキーテストと言います。

Memo

　モンキーテストという名前は、その名の通り、サルが手当たり次第にキーボードを叩いている様子に由来しています。

　モンキーテストでは、不具合が出そうな操作——ありえないところをクリックしたり、画面の大きさをいきなり変えてみたり、微妙なタイミングで操作したり——などをいかに想像できるかに依るので、テスターの腕にかかってきます。そのためモンキーテストでは、熟練したテスターが集められることが多いです。

慣れるための入り口としてのテスター

　テスターという業務は、テストケースという項目の一覧を見れば、システムが何をしているのかが分かるため、この業界に入る新人に経験してもらうことの多い業務です。

　テスターを通じて、実際にシステムを操作することで体験し、また、その先に居る、不具合を修正するエンジニア達の動きを見て、システム開発という工程全体の流れも掴むことができます。

こんな人が向いている

テスターはテストケースに基づいたテストを担当します。新入社員やプロジェクトにはじめて配属された人などは、まずテスターから入ることも多いです。

テスターは似たようなテストを正確に実行することが求められるため、飽きっぽい人には向いていません。ゲームなどのプロジェクトではモンキーテストが実施され、自由にプレイして不具合を見つける工程もあります。何か不具合を見つけてやろうと試行錯誤する好奇心のある人に向いています。

第**6**章

運用・保守

システムを運用しはじめたら、その運用と保守が必要です。運用・保守は2つの面があります。ひとつは利用しているお客さんからの問い合わせ、もうひとつは、システム自体を安定して動かすためのメンテナンスです。

設計

開発

インフラ

テスト

運用・保守

進行・企画・営業・経営

利用者のため、システムの安定稼働のために

運用・保守には、2つの側面があります。
ひとつは利用者のため、もうひとつはシステムの安定稼働のためです。

利用者のための問い合わせ窓口

システムを運用すると、利用者から、さまざまな問い合わせを受けることがあります。

小規模なシステムなら、プロジェクトの誰かが担当すればよいのですが、規模が大きくなると、それでは捌ききれなくなります。そこで、**サービス担当**を置きます。

サービス担当が受けるのは、「使い方がわからない」という基本的なところから、「ニラーが表示される」「ページが表示されない」などシステムの不具合と思われるものへの対応まで、多岐に渡ります。

過去の対応事例やQ&A集などで確認し、自分で対応できるものは回答します。そうでないものは、担当者に振り分けます。

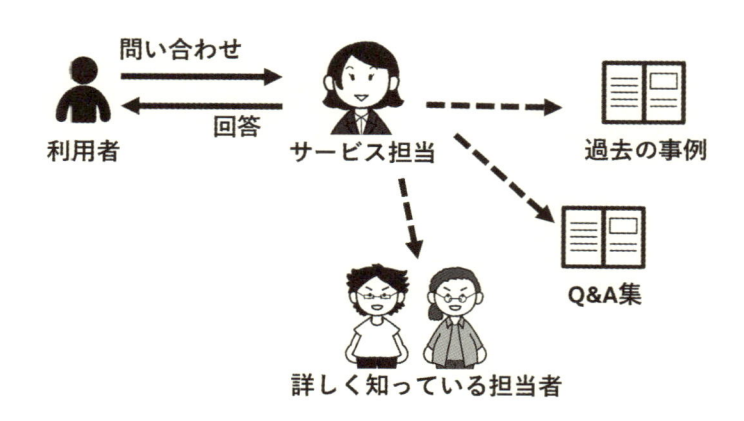

図6-1　問い合わせに対応するサービス担当

24時間365日安定稼働のための保守運用

　稼働しているシステムが、放っておいても安定して動けばよいのですが、なかなかそうもゆきません。何らかのメンテナンスが必要です。

　最近は基本的に、異常があれば通知するような仕組みを採り入れていますし、バックアップも自動化していますから、人間が対応しなければならない場面は少なくなりました。

　しかしそれでも、不具合があったときには、異常を確認して、記録を残したのちに、サーバを再起動するなどの手作業が発生することがあります。そうした手作業に対応するのが、**保守運用エンジニア**です。

　保守運用エンジニアは、開発会社ではなく、開発会社から委託を受けた保守運用の会社やデータセンターに所属し、24時間365日、交代制で働いていることが多いです。

　保守運用エンジニアは、あらかじめサーバエンジニアやネットワークエンジニアが定めた運用保守マニュアルなどに基づいて、保守します。

　障害が発生したときは、これらのエンジニアと連携して、適切な操作をします。いわば、サーバやネットワークのお守りをしてくれる人達です。

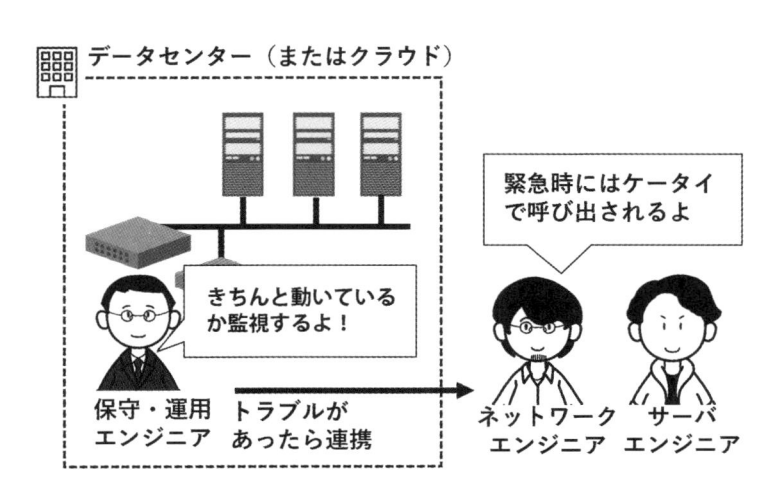

図6-2　保守運用エンジニア

問い合わせをまとめて引き受ける

サービス担当

　サービス担当は、問い合わせ全般を担当します。「使い方がわからない」といった操作方法の問い合わせのほか、「動かない」「エラーが表示される」など、利用者の困ったこと全般を担当する業務です。

　特定の利用者しかいないプロジェクトでは、システムエンジニアなど利用者に近い担当者が、この業務を担うこともあります。しかし不特定多数からの問い合わせに対応すると、システムエンジニアの本来の業務に支障があるので、別途、サービス担当を立てるのが一般的です。

　システムにはマニュアルがあるので、それを確認して回答します。Q&A集がある場合は、それも合わせて参考にします。

　問い合わせがあった内容は、今後、同等の問い合わせがあるときに備えて記録し、全員で共有します。こうしたドキュメント作りも、サービス担当業務の一部です。

　マニュアルやQ&Aに記載されていなければ、担当者に確認します。再現できないときは、現象をテスターに投げて、詳細な手順を作ってもらうこともあります。

　利用者の窓口となるだけでなく、さまざまな担当者とのやりとりが発生するため、コミュニケーション能力が必要とされます。そのまま伝えるのではなく、担当者が説明する専門用語を利用者に分かるように翻訳して話すことも必要です。

ジョブ概要

- » 利用者からの問い合わせに応える
- » マニュアルやQ&Aを調べて回答する
- » 解決しなければ担当者から回答を得る

問い合わせに効率良く答える

　サービス担当には、さまざま人から、問い合わせが来ます。そのため、自らドキュメントを読んだり、操作したりして、システムがどのような動きをするのかを、まず、知っておくことが重要です。

　問い合わせの内容は似たものも多いため、回答のテンプレートを作って、速やかに回答できるような工夫をしたり、Q&A集を作ったりして、利用者自身が調べられるようにしておくと、問い合わせが減って、効率が上がります。

　利用者は、「動かない」や「エラーが出る」など、最終的な現象しか伝えないことも多く、「何をしたらそうなったのか」という原因をヒアリングする必要もあります。そのため、高いコミュニケーション能力が必要とされます。

　近年では、問い合わせの負担を下げるため、チャットシステムを導入していることもあります。

　チャットシステムを導入すればサポート担当は必要ないのかというと、そうではありません。実は、回答フローやQ&Aとして、サポート担当が、自動で答えられるようなデータをあらかじめ用意しています。こうした回答データの作成業務がなくなることはありません。

こんな人が向いている

サポート担当は何か作ったり設定したりする業務ではないので、他の業務に比べて必要とされるIT知識は少なめです。基本的なパソコン操作ができれば、あとは、研修などで学べます。重要なのはヒアリング能力とコミュニケーション能力です。利用者から操作の流れや手順を聞き出し、それを整理する力が必要です。資料を整理して自分なりにまとめたり、深く人の話を聞いてまとめたりすることが好きな人に向いています。

24時間365日ネットワークやサーバを見張る

保守運用エンジニア

保守運用エンジニアは、システムの動きを監視する裏方です。ふだんはサーバやネットワークの状態を監視し、月1回などレポートとしてまとめていますが、障害が発生したときは、即座に現象を確認し、必要に応じて、サーバエンジニアやネットワークエンジニアと連携して、必要な対処をします。

近年のシステムは、24時間365日動いているので、交代制で働いていることが多いです。データセンターには、こうした保守運用エンジニアが常駐しています。データセンターに居る保守運用エンジニアは、サーバやネットワークをラックに配置する際の電源やネットワーク接続の取り回しなど、物理的な部分も担当します。

保守運用を専門に行なう企業もあります。そうした専門企業では、データセンターやクラウドにあるサーバやネットワークを、リモートで監視しています。

交代制で働いていることからも分かるように、保守運用の仕事はマニュアル化されており、誰が操作しても同じように実現できる体制が整っています。仕事しては、その通りに行なえばよいのですが、その手順には、サーバやネットワーク機器の操作、コマンドの入力などが記載されており、ひととおりのそうした操作ができる知識が必要とされます。保守運用エンジニアとして成長すれば、こうしたマニュアルを作る仕事も任されます。

ジョブ概要

» 24時間365日監視する
» 異常が発見されたらサーバエンジニアやネットワークエンジニアと連携して対処する
» 決められたマニュアル通りの操作や代行操作する

さまざまな障害に対応する

　保守運用エンジニアには、通常業務と障害対応業務があります。
　通常業務は、たとえば、1ヶ月に1回、サーバやネットワークなどの稼働状況をレポートにまとめて提出するなどの運用業務です。

　障害対応業務は、障害が発生したときの対応です。
　運用するシステムには、サーバエンジニアやネットワークエンジニアが監視項目を設定しているのが通例です。何か障害が発生した場合、保守運用エンジニアが、それを受け取り、現象を確認します。

　障害には、あらかじめ運用が決められていて、保守運用エンジニアだけで対応可能なものもあります。たとえば、「このメッセージが表示されたときは、このコマンドを実行してほしい」「この状況が発生したら、このサーバを再起動してほしい」などです。こうした決められているものに関しては、速やかに対応し、その旨を各方面に連絡します。

エスカレーションと代行操作

　対処できない場合は、他の人に判断を仰ぎます。これを**エスカレーション**と言います。

　誰に連絡してどのように対処するのかは、システムエンジニアによって、あらかじめ**エスカレーションフロー**として定められていることがほとんどです。このエスカレーションフローに基づいて動きます。
　プロジェクトの総責任者という意味で、最初にプロジェクトマネージャに連絡をとることが多いです。また利用者への連絡、連携している他のサービスへの連絡なども必要になるので、フローには、そうしたビジネス関係の担当者も含まれます。

　多くの場合、復旧にどのぐらいの時間がかかるかによって、エスカレーションフローが異なります。数分で復帰するのであれば内々に済ませて終わりにしますが、30分〜1時間経過しても復旧しないようなら、お知らせを出さなければならないからです。

設計 開発 インフラ テスト 運用保守 進行・企画・営業・経営

設計

開発

インフラ

テスト

運用・保守

進行・企画・営業・経営

　実際の修復は、サーバエンジニアやネットワークエンジニアの指揮の下、保守運用エンジニアが対応します。そのため、サーバOSやネットワーク機器のコマンドを入力できる技能が必要です。複雑な場合は、サーバエンジニアやネットワークエンジニア自身が対応します。

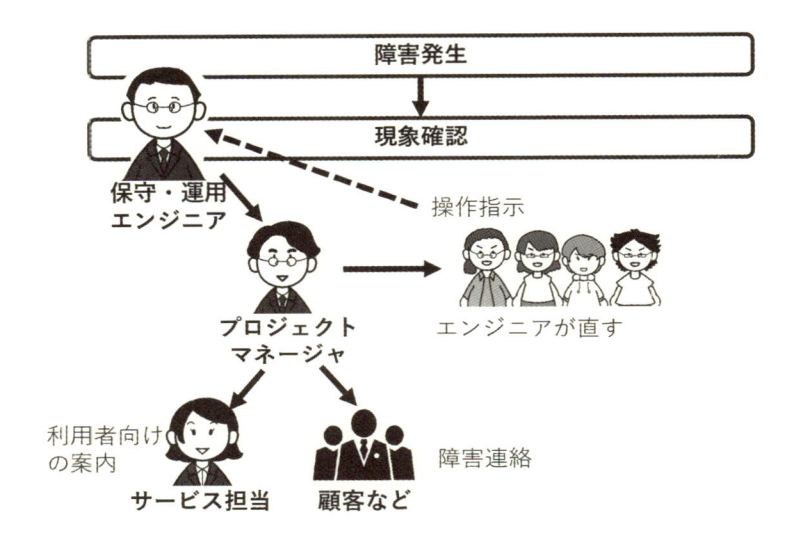

図6-3　障害発生時のフローの例

こんな人が向いている

決められたことを決められた通りに行なう業務です。サーバやネットワークの基礎をしっかりと習得し、基本的なコマンドの入力、設定の意味などを理解していることが求められます。これらを身に付けるには、サーバOSでよく使われるLinuxやネットワーク機器メーカーが実施している資格の取得勉強をするのがよいでしょう。障害が発生しない限りは基本的に定時の仕事で、毎日の仕事も一定です。IT業界がはじめての人や異業種からの転職にも向いています。

第7章
進行・企画・営業・経営

現在のシステム開発は、チームで進められます。そのため、チーム全体を統括したり進捗管理したりする人達も居ます。またシステムを売るための営業職や会社の方向性を決める人達も居ます。

設計

開発

インフラ

テスト

運用・保守

進行・企画・営業・経営

プロジェクトを円滑に進める人達

　プロジェクトは、チームを組んで進めていきます。そのため、チームのメンバを調整していく必要があります。

　そもそもプロジェクトのチームができるのは、受注が決まってからです。それまでは、**営業担当者**が、システムの提案をしたり、相談を受けたりします。

　無事、受注になると、プロジェクトのチームが発足し、営業からバトンタッチします。チームの長となるのが、**プロジェクトマネージャ**です。チームメンバをまとめたり、スケジュールを調整したりする責任者です。

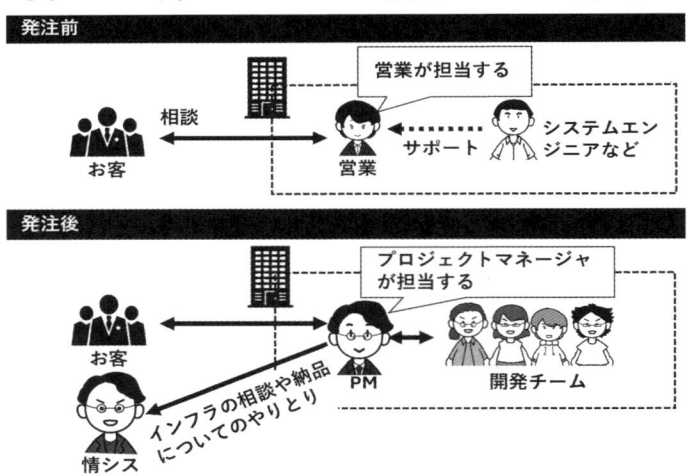

図7-1　営業、プロジェクトマネージャ、情シス

　発注者側は、そのシステムを使う部署の担当者が対応しますが、その脇には、**情シス**と呼ばれる部署の人が居ることが多いです。

　情シスは、情報システム部の略で、企業において、さまざまな情報システムを担当する人達です。

　作ったシステムを納品する際には、社内のネットワークの設定を変更してもらったり、お客の場所を間借りしたところに納入することもあります。また、旧・新システムの入れ替えでは、旧システムから新システムへの移行をしたりする必要もあります。そうした調整もしてくれます。

要件・要求をまとめるコンサルタント

　プロジェクトによっては、**コンサルタント**も参加することがあります。
　システム開発の経験がない企業は、ITシステムを作るために、どのようなことをすれば良いのか、まったく分かりません。そこでコンサルタントが指南して、その企業に必要なシステムは、これですよと、代わりに提案してくれるのです。

　コンサルタントが入るのは、主に、要件定義のときです。要件定義を作るには、「何が欲しいのか」「どんなことをしたいのか」をまとめる必要があるわけですが、コンサルタントは現場でさまざまな意見をヒアリングしたり、現状の業務フローを分析したりして、要求をとりまとめてくれます。

技術の方向性を決める人達

　プロジェクトと関係なく、技術の方向性を決める人達もいます。それが、**テックリード**や**CTO**と呼ばれる人達です。

　テックリードは、さまざまな技術トレンドを習得し、プロジェクトにどのような技術を取り入れるべきかを提案したり、決定したりする人達です。こういう案件であれば、こういう技術を使うと良いとか、今回の案件では、こういう要件があるから、この技術が適切だなどを決めていく人達です。

　CTOは最高技術責任者です。技術部長や開発部長に相当する職種で、企業内での技術戦略、技術の経営方針の策定、エンジニアの採用や教育にも関与します。

システムの導入を提案する

営業

　お客と最初につながるのが営業です。自社が提供するシステムを説明したり、お客の「困った」に相談したりする役割です。

　説明したり相談を受けたりして、お客の信頼を得るには、相応の技術力が必要です。高い技術力は必要ありませんが、お客の言っていることと、エンジニアの言っていることの双方を理解し、互いに会話を合わせられる程度は必要です。
　ある程度の規模の企業であれば、営業向けの研修が用意されているのがふつうです。ですから、そうした研修を受けることで、無理して独学しなくても、技術的な知識を身に付けられます。

　もっとも、営業の後ろにはシステムエンジニアなどが居ますから、すべての質問に直接、答える必要はありません（逆に、勝手に答えるとトラブルの原因になるので、細かい話は、実際に担当するエンジニアにヒアリングすべきです）。そうした具体的な話よりも、ふわっとした「こういうことはできるのか」に、何か提案したり、さらに深く話を聞いたりできることが大切です。会話では最近のトレンドが話題になることもあるので、技術動向をチェックしておくことも欠かせません。

　営業はお客と会話するため、高いコミュニケーション能力が必要とされます。用件があれば、すぐに対応するフットワークの軽さも求められます。

ジョブ概要

- » お客にシステムを提案する
- » お客から相談を受ける
- » システムエンジニアなどとのやりとりを仲介する

システム導入のメリットを強調する

　営業は、扱っているシステムがお客の何に役立つのかを説明できることが大事です。そのためには、お客の業務形態を知り、システムが、そうした業務の何を解決するのかを理解する必要があります。

　その多くは、「時間の削減」「コストの削減」です。これらをキーに、扱っているシステムの役割を理解して、説明できるようにします。

　営業は、自社開発のシステムを売るだけではありません。代理店契約して、他社のシステムを売る場合があります。代理店契約するほどのシステムの場合は、営業担当向けの研修や営業用資料などが渡されることも多いため、そうした研修で得た、そのシステムの売り文句がマッチするお客を見つけて、売り込んでいくことになるでしょう。

展示会や勉強会などでトレンドを知る

　お客は、ニュースなどで流行の言葉を聞いており、「これを自社でもできないか」と相談されることが、ままあります。そのため、新しいトレンドを知っておくことが重要です。

　ITの展示会や勉強会は、そうしたトレンドを知る良いイベントです。機会があれば参加して、時流を体験しましょう。

こんな人が向いている

　何よりコミュニケーション能力が求められるので、フットワークが軽く、お客との会話が苦にならない人が向いています。技術的な知見に関しては、研修等で習得できるので、パソコンやオフィスソフトが使える程度の知識があれば、あまり心配することはないでしょう。IT技術自体よりも、ITで何ができるのかを説明する仕事です。そうしたITの活用法に興味がある人に向いています。

プロジェクトの責任者
プロジェクトマネージャ

　プロジェクトマネージャは、プロジェクトの責任者です。チームのメンバを統括し、進捗を発注者に告げたり、スケジュールを報告したり、発注者とのやりとりを担当します。発注者や各種エンジニアなど、ともかく、やりとりや会議が多い仕事です。

　細かいIT技術について詳しくなくてもよいですが、全体を統括する職種であるため、ITシステムの構成やその要素、開発順序や運用体制など、仕事の流れには精通していなければなりません。

　スケジュールは、たいがい予定よりも遅れるものなので、あらかじめバッファをとったり、作業順序を変えたり、人員を追加することで乗り切ったりするなどの調整も必要なことが多いです。

　システム開発が完了して運用の段階になったときの窓口も担当します。障害発生のときに、まっさきに対応するのもプロジェクトマネージャです。苦労が絶えない仕事ですが、全体を見通せることもあり、その分、完成したときの達成感は大きいです。

　プロジェクトの成否は、プロジェクトマネージャのさばき方で決まることも多いため、実績は高く評価されます。経験を積んでいくうちに、次第に、大きな仕事を任せてもらえるようになります。ITシステムには、それこそ自治体や国の仕事もありますから、とてもやりがいのある仕事です。

ジョブ概要

- » プロジェクトの進行を管理する
- » 発注者との窓口になる
- » 障害などのトラブルに対応する

タスク管理とスケジュール調整

大きな仕事は、スケジュール調整とタスク管理です。すべてのタスクはWBS（Work Breakdown Structure）という形式で、一覧にして管理します。またそれを**ガントチャート**として進行表として視覚化することも多いです。

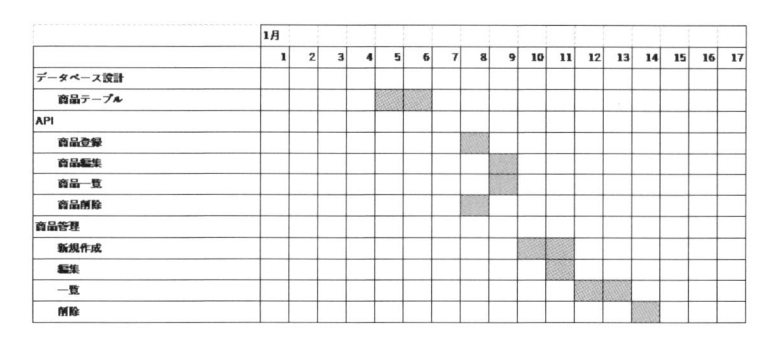

	1月																
	1	2	3	4	5	6	7	8	9	10	11	12	13	14	15	16	17
データベース設計																	
商品テーブル					▨	▨											
API																	
商品登録								▨									
商品編集									▨								
商品一覧										▨							
商品削除											▨						
商品管理																	
新規作成												▨					
編集													▨				
一覧														▨			
削除															▨		

図7-2　ガントチャートの例

メンバとの調整と会議

プロジェクトマネージャがチームの中心となるので、さまざまな情報が集中します。それを捌くため、担当者との打ち合わせが頻繁に発生します。

また発注者に説明する資料を作成するなど、雑務も多いです。そのため規模が大きいプロジェクトでは、こうした業務を補佐する**PMO（Project Management Office）**のメンバが付くこともあります。

こんな人が向いている

チームを率いるリーダー素質のある人が向いています。会議での打ち合わせが多く、ひとりで何かするのではなく、皆で相談しながら決めていく仕事を求めている人には、適職です。進捗に合わせてスケジュールが次々と変化しますし、予想外の障壁も発生するなど忙しいので、ある程度、タフなメンタルが必要です。
IT技術にそれほど詳しい必要はありません。技術職とは違う素質が求められるため、異業種から入ってきて成功している人も多いです。

情シス／社内SE

情シス（情報システム部）は、企業において、情報システムを担当する部署の担当者です。企業に納入する業務システムや社内 LAN など、情報システムすべてを統括します。従業員が使用するパソコンやパスワードなどのアカウント情報、ソフトのライセンス情報などを管理するのも、この部署です。

情シスは、2種類の人が居ます。

ひとつは、ふつうに入社して、たまたま情報システムに配属された人。IT 知識をあまりもたない人です。こうした人しか居ない企業では、その企業にインフラ（主に社内 LAN）を納品した企業のシステムエンジニアが別に、派遣として常駐していて、その人が実作業を担当することが多いです。

もうひとつは、社内でシステムエンジニアとしての立ち位置で振る舞い、IT システムの導入や設計、方針を決める立場の人です。こうした立場の人は、社内 SE と呼ばれます。社内 SE は、サーバやネットワークの調整、さらには、ちょっとした自社内で使うツールの開発まで担当することもあります。

情シス／社内 SE には、システムを納品する業者とやりとりして調整する仕事もあります。新しいシステムを納品するときの導入計画や、機器のリプレース計画にも参画します。

ジョブ概要

- » 社内の情報システムを統括管理する
- » 出入りしている IT 業者との調整をする
- » 機器の納品、リプレース計画などに参画する

出入り業者と調整する

　情シスの大きな仕事は、社内の情報システムを管理することです。実際の操作は、出入りする業者が担当します。出入りする業者は、たくさんあるので、納品に当たっては、業者間の調整が必要です。

　たとえば、サーバを納品しようとする場合、それをつなぐ先のネットワークを担当している別の業者と連携しなければなりません。こうしたやりとりをするのが情シスです。

　情シスには、社内の情報システムに関する、さまざまな資料（これは業者が納品物として収めたものです）があります。これらを見て、回答する、もしくは、実務を担当している業者に聞いて回答します。ときには業者間の打ち合わせをセッティングして、仲介することもあります。

システムや機器を選定する

　情シスには、業者からシステムの新規導入や機器リプレースなどの営業・提案が舞い込みます。こうした営業・提案を聞き、導入するのか、導入するのであれば、いつ、どんなものを導入するのかなどを決めます。

　そのためにカタログを確認したり、メーカーに問い合わせたり、研修に参加したりするのも、情シスの仕事のひとつです。

こんな人が向いている

情シスは、たまたまその部署に配属されただけなので、募集していることは少ないです。募集しているのは、主に、社内SEです。最近は、情報システムを外注するのではなく、自社で作ろうという動きがあるため、それに伴い、社内SEの募集が活発です。すぐに実績を上げることが期待されている募集ですから、未経験で採用ということは、ほぼあり得ません。システムエンジニアとして経験を積み、「この企業で、役に立つシステムを作りたい」と思ったときに、転職先として選ぶ、そんな職種です。

設計

開発

インフラ

テスト

運用・保守

進行・企画・営業・経営

お客にさまざまな提案をする
コンサルタント

　ヒアリングすることで、お客が欲しいものを明確にドキュメント化するのが、コンサルタントの役割です。

　システムの発注元のほとんどは、システムがなんたるかを分かっていませんし、どのようなものを導入すれば業務を効率化できるのかも分かりません。こうした状態のまま、開発会社にシステムの開発を依頼しても、頓挫してしまいます。

　コンサルタントは、システム開発において、要件定義の段階で活躍することがほとんどです。要件定義では、「あれもしたい」「これもしたい」という要件がたくさん出てくる一方で、現場の意見を聞くと「いや、それはできない」「そういう機能ではない」など、相反する意見が出てくることもあります。コンサルタントは、現場の現在の状況を整理し、これからやりたいことをヒアリングし、それらをまとめることで、システムとして必要なものは何か、現在の業務をシステムとして実現するには、どのようにすればよいのかを提案します。

　コンサルタントはモノを作るのではなく、提案資料を作ります。

　ですからプレゼンテーション資料としてまとめられる能力が必要です。もちろん IT システムを作るのですから、実現不可能な提案は受け入れられません。IT システムに関する基本的知識が必要なのは、言うまでもありません。

ジョブ概要

- » システム導入前の現状を整理する
- » システム導入で何がしたいかをヒアリングする
- » 実現のために必要なシステム要件を提案する

説得できる資料を作る

コンサルタントの仕事は、ヒアリングから始まります。出てきた課題を掘り下げて、そのためには何が必要なのかを明確にします。

コンサルタントの出番の多くは、要件定義のときです。発注側の企業では、「こういうものがほしい」ということは言えても、具体的に、「どんなものが必要なのか」が分からないことが多いため、専門家であるコンサルタントが入って、ヒアリングしながら言語化していきます。

ヒアリングしたら、書類としてまとめます。

資料には根拠がなければないといけないので、日本国内の統計資料など、さまざまな数字が出ている資料を根拠として提案します。こうした調査能力も、コンサルタントには必要です。

納品の際の検収代行

システム開発では、もうひとつ、コンサルタントが登場する場面があります。それは納品のときです。

納品のときには、要件定義書と照らし合わせて、要件を満たしているかを確認する作業が必要です。この作業は、システム開発について分からないと実施できないため、コンサルタントが代行することも多いです。

こんな人が向いている

ヒアリングした情報や統計情報などを分析して、資料としてまとめます。扱う情報は多岐に渡るので、整理・分析能力が必要です。要件定義を代行するのであれば、その資料をもとにシステムが作られることになるので、発注者の意図通りのことを漏れなく書いたか慎重にならなければなりません。ITの知識は深くは必要ありませんが、システム全体の理解は必要です。学生時代に、ノートにまとめるのがうまかった人は、この仕事に向いているかも知れません。

テックリードとCTO

　テックリードは技術面のリーダーです。

　世の中には、さまざまな技術がありますが、そのなかから、プロジェクトで、どのような技術を採用するのかを決めます。どの技術を採用するのかで、開発納期、実行速度、安定性などが変わります。また、いくら性能が優れていても、マイナーな開発言語やライブラリ、フレームワークを選ぶと、エンジニアが揃わないこともあるため、バランス感覚も重要です。こうした感覚を掴むには、さまざまな技術に触れ、また、プロジェクトで実際に使った経験が必要です。

　テックリードはまた、エンジニアのリーダーとして、開発されたコードのレビュー（確認）、皆が使う便利なツール、自動化の仕組みなどを揃える役割も担います。

　CTO は、最高技術責任者で、役員クラスの人です。

　技術的な方向性や今後の研究開発を監督します。エンジニアの採用や教育にも携わります。企業の戦略も検討する立場なので、技術の善し悪しだけでなく、経営的な感覚も必要です。そのため、エンジニアの単純な延長ではなく、経営の延長という側面が強いです。

ジョブ概要

- » 適切な技術を提案する
- » コードレビューをはじめ技術的な相談に乗る
- » 長期的な視点で、技術開発を、どのような方向に向けるのかを検討する

たくさんの技術から吟味する

テックリードは、技術面のリーダーです。さまざまなプログラミング言語をはじめ、インフラやその他の仕組みなど、同じシステムでも、作る方策はたくさんあります。そうしたなかから、どの技術を採用して作っていくのかを決めるのがテックリードです。

テックリードは、熟練したエンジニアが担当します。テックリードの役割をもつエンジニアは、幅広く技術のアンテナを張っており、どの技術がどの場面で使えるのかを検討します。

新しい技術は、出てての頃は不具合があったりすることもあるので、登場から、ある程度してから使うなども検討します。またチーム開発なので、その技術を使った場合、エンジニアを集めることができるのかも課題です。

いくら優れた技術でも、それを使えるエンジニアがいなければ使えないからです。

経営者として技術面を決めるCTO

CTOは会社の経営者側の人です。会社の今後の方針や採用も含めて、技術的な決定をします。ひとことで言えば、技術が分かる会社役員です。

会社の社長は経営に詳しくても、技術に詳しいとは限りません。ある技術があったとき、それを採用すべきか、今後、成長が見込めるから投資すべきかなどは分かりません。

CTOは、こうしたところを判断し、中長期的な視点で、技術を見極める仕事です。

こんな人が向いている

テックリードは、エンジニアの延長です。さまざまな技術を知り、経験して、熟練することで、テックリードになれます。ただしリーダーとしての素質が必要です。他のエンジニアを指導する立場になるため、相応のコミュニケーション能力も必要とされます。CTOは経営層なので、なることは難しいです。社内でテックリードとして知名度を上げる、もしくは、ブログや講演などで知名度を上げて、どこかの会社からスカウトされるなどが、道として挙げられます。

おわりに：ITの仕事に就くには

　本書では、ITに関連する、さまざまな職業を紹介しましたが、興味が沸いてきたでしょうか？　IT業界で働きたいと思ってきたでしょうか？

　そんなあなたのために、あとがきに代えて、ITの職業に就くには、どうすればよいのかについてお話しします。

プログラミングが必要なのは特殊な職種

　本書を読んで分かるように、IT業界の職種には、ITの知識が必要な職種と、そうでない職種があります。

　そしてさらに、プログラミングを必要とする職種と、そうでない職種があります。

　本書で述べた職種のうち、**第3章**で説明したフロントエンドエンジニア、バックエンドエンジニア、アプリエンジニアなどは、プログラミングが必要な職種ですが、それ以外は、実は、プログラミングは必須ではありません。もちろん、簡単なコードは書けると良いです。またシステムエンジニアなどは、動作を確認するために、人が書いたプログラムを読めることが必要とされることもありますが、「すごいコードが書ける」なんてことを要求される職種は、実は、少ないのです。

　逆に、いま、すごいコードが書けるなら、開発を担当するエンジニアとして、引く手数多です。テックリードの道も、すぐそこです。

勉強して身につくインフラ系

　未経験だけれどもIT系の職業に就きたいと思う人は、インフラ系がお薦めだと、僕は思います。つまり、サーバエンジニアやネットワークエンジニア、それから保守担当者が、そうした職種です。

　これらは、「やることが概ね決まっている」「資格が充実していて教科書があり、勉強しやすい」「習得した知識が年を経ても大きく変わらない」などの特徴があるため、勉強した分だけ、確実に身につきます。資格をもっていれば、就職先も多いです。転職して異業種から入る人も、多いです。

就職するならシステムエンジニア

　一方で、未経験だけれども新卒採用が狙えるのであれば、システムエンジニアがお薦めです。大手に採用されれば、未経験でも社内研修で、さまざまなことを身に付けられるからです。

　実務経験を積めば、システムエンジニアとしても成長しますし、プロジェクトマネージャの道も開けます。

得意分野を活かしてIT業界に入る

　サービス担当や営業、テスターは、IT系の知識を前提としない募集も多く、間口が広いです。未経験の人は、まず、ここで経験を積んで、ステップアップしていくのも良いでしょう。

＊

　ITの仕事といっても、もう、いまはIT自体が一般化していて、皆が皆、プログラミングしているわけではありません。むしろ、お客とのやりとりや進行管理、設計、ドキュメントなどの資料作成などのほうが多いぐらいです。

　ITの仕事に興味をもったら、是非、僕らの世界に、飛び込んできてください！

アルファベット

五十音順

索
引

■著者略歴

大澤　文孝（おおさわ・ふみたか）

技術ライター。プログラマー／システムエンジニア。
情報処理技術者(情報セキュリティスペシャリスト、ネットワークスペシャリスト)。
入門書からプログラミングの専門書まで幅広く執筆。専門はWebシステム。

[主な著書]

「プログラミングの玉手箱」
「Jupyter Notebook レシピ」
「Python10行プログラミング」
「プログラムを作るとは？」「インターネットにつなぐとは？」
「Remotteではじめるリモート操作アプリ開発」
「Wio Terminalで始めるカンタン電子工作」
「TWELITEではじめるカンタン電子工作」　他、多数　　　　　　　（以上、工学社）

「ゼロからわかる Amazon Web Services超入門 はじめてのクラウド」　（技術評論社）

「ちゃんと使える力を身につける Webとプログラミングのきほんのきほん」（マイナビ）

「いちばんやさしい Python入門教室」　　　　　　　　　　　（ソーテック社）

「さわって学ぶクラウドインフラ　docker基礎からのコンテナ構築」　　　（日経BP）

カット・DTPデザイン：今関洋一

本書の内容に関するご質問は、
①返信用の切手を同封した手紙
②往復はがき
③E-mail　editors@kohgakusha.co.jp
のいずれかで、工学社編集部あてにお願いします。
なお、電話によるお問い合わせはご遠慮ください。

サポートページは下記にあります。

[工学社サイト]
https://www.kohgakusha.co.jp/

I/O BOOKS
業界と仕事の流れがわかる!!ITエンジニア職種ガイド

2024年12月25日　第1版第1刷発行　©2024	著　者　　大澤　文孝
2025年 6 月15日　第1版第2刷発行	発行人　　星　正明
	発行所　　株式会社工学社
	〒160-0011　東京都新宿区若葉1-6-2 あかつきビル201
	電話　　　(03)5269-2041(代)[営業]
	(03)5269-6041(代)[編集]
※定価はカバーに表示してあります。	振替口座　00150-6-22510

印刷：(株)エーヴィスシステムズ　　　　　　　　　　　　ISBN978-4-7775-2288-0